ADRIAN NI
SCULPTORUL MENTALITĂ...

SFÂRȘITUL
ÎNSEAMNĂ UN NOU
ÎNCEPUT

împreună cu
IRINA BĂCĂOANU

Timișoara, 2019

Descrierea CIP a Bibliotecii Naţionale a României
NICULESCU, ADRIAN
  Sfârşitul înseamnă un nou început / Adrian Niculescu împreună cu Irina Băcăoanu. - Timişoara : Stylished, 2019
  ISBN 978-606-9017-28-9
I. Băcăoanu, Irina
821.135.1

Editura STYLISHED
Timişoara, Judeţul Timiş
Calea Martirilor 1989, nr. 51/27
Tel.: (+40)727.07.49.48
www.stylishedbooks.ro
www.noicecitim.ro

ADRIAN NICULESCU
SPEAKER MOTIVAȚIONAL

Prin intermediul experiențelor vieții mele, vreau să îți arăt că și tu poți, cititorule, oricât ar fi de greu. Nu există scuze, nu există vinovați, totul ține doar de tine – și punct!

Iubesc oamenii, iubesc România și cel mai mult îl iubesc pe Dumnezeu. Stabilește-ți o prioritate și trage cu toată ființa ta să o atingi, dar fă-o curat, fără să-i faci pe alți oameni să sufere; va fi greu, vei plânge, vei fi umilit, dezamăgit, dar, cu Dumnezeu alături și ani întregi de dedicare, vei atinge succesul pe care ți-l dorești.

Dacă eu am reușit, plecând din stradă, poți și tu!

Iar după ce vei obține împlinirea, te aștept să vii și să-mi spui în față: „Adi, am reușit!" Și aceasta să fie răsplata ta pentru mine.

Doamne-ajută!

Adrian Niculescu

,,
***Adrian Niculescu** este omul care poate să crească o țară. Orice țară... Chiar dacă istoria lui personală se desfășoară în România, povestea lui de viață poate fi plasată oriunde în lume. A gustat și din pâinea străinătății, știe ce înseamnă să fii străin printre străini, dar știe și mai bine ce înseamnă să fii umilit și de români și de străini.*

Știu că are multe vise, unul dintre ele este ca umilința în propria țară să înceteze, iar românii să-și îndrepte spatele și să se privească în ochi. L-am privit în ochi și am văzut că tenacitatea lui vine din suferință și chin. De aici vine și empatia lui. El știe și oferă exact vorbele de care ai nevoie atunci când ești jos, călcat în picioare, neputincios.

A reușit, e victorios în propria viață, dar nu ține rețeta doar pentru el și, când lumea îl întreabă cum a reușit, răspunsul e unul tranșant: „Cu sacrificiu!"

Noi toți ne dorim succesul, dar oare cât suntem dispuși să sacrificăm pentru asta? Adrian Niculescu știe răspunsul!

FLORENTINA FÂNTÂNARU
realizator TV

Există nenumărate cărți despre fericire și despre succes. Dar viața nu e nici despre fericire, nici despre succes. Viața, în mod natural, e un lung șir de suferințe și eșecuri. Cred că avem nevoie de mai multe cărți despre cum să le facem față.

*Îl felicit pe **Adrian Niculescu** pentru că s-a decis să își spună Povestea. Despre suferințe și eșecuri. Suntem oameni, nu supereroi. Greșim și iertăm. Cădem și ne ridicăm. Plângem și râdem. Credem și iubim. Nu avem superputeri. Dar avem tot ceea ce e nevoie pentru a ne scrie Povestea. Și, prin ea, să inspirăm alte Povești.*

MIHAI MORAR

*Citind rândurile acestei cărți, am realizat că **Adrian Niculescu** ar putea fi modelul multor tineri care nu-și găsesc un scop în viață. Drama lui e covârșitoare, iar felul captivant în care a descris-o Irina Băcăoanu, te face să nu lași cartea din mână până la final.*

Acesta nu e un roman oarecare, pentru că nu este ficțiune. E chiar viața reală a unui tânăr român, care, pentru a ajunge în Rai, mai întâi a trecut prin Iad.

FLORENTIN PETRE
internațional român,
fost jucător la Dinamo București

Adrian Niculescu spune lucruri pe care, din păcate, tinerii sau copiii de azi ar trebui să le audă în primul rând din gura părinților lor.

Este un om trecut prin multe încercări și un comunicator înnăscut, simplu, direct, emoțional, chirurgical de tăios uneori, dar care, după ce te-a „spintecat", poate transmite o rază de speranță care te poate ajuta să ieși din butoiul plin ochi cu „nu știu încotro s-o apuc"!

Este un mărturisitor al lui Dumnezeu și nu se codește să recunoască faptul că mărturisirea Lui e ieșirea sufletului din întuneric în lumina dumnezeiască, ieșirea în lumina veacului viitor. Iată o tămăduire deplină, iată un misionar neînfricat al lui Iisus!

Cartea este una total motivațională, pentru că în ea găsim experiențe reale, nu citite. Îndemn tinerii să o citească, pentru că le va fi de un real folos!

DANIEL BUZDUGAN
realizator radio

PREFAȚĂ

Când mi-a cerut Adrian Niculescu să-i scriu cartea, eram într-o perioadă în care lucram la multe proiecte și ideea de a scrie o carte biografică a unui stilist din București, în vârstă de 35 de ani, nu mi s-a părut o provocare. Nu-l cunoșteam pe Adrian, nu-l întâlnisem niciodată, iar el a aflat despre mine de la un prieten comun, fotbalistul Florentin Petre. Mă întrebam ce se poate scrie despre un tip aflat la vârsta tinereții?! Ce experiență uluitoare de viață poate să dețină, așa încât să-și scrie memoriile?! Recunosc că am fost sceptică și pusă pe refuz. Dar faptul că a venit până la mine, la Bacău, fără să mă cunoască, dar convins de unicitatea poveștii lui de viață, mi s-a părut un curaj și o ambiție pe care nu le mai văzusem la altcineva. Mi-a fost imposibil să-l refuz.

Pe parcursul istorisirii sale am realizat că am în față un om trecut prin încercările vieții mai mult decât ar fi trecut cineva cu dublul vârstei lui. Relatările erau dramatice, cu schimbări bruște de situație, unde conflictul era prezent la fiecare etapă prin care trecuse și provocările lui au devenit provocările mele. Mi-am însușit realitatea povestirii de parcă o trăisem și eu. Poate că, în multe dintre situații m-am regăsit și de aceea am rezonat atât de bine cu drama lui. De aici, probabil, mi-a fost ușor să încep să scriu.

Viața lui Adrian Niculescu e una sinuoasă, trecând de la o extremă la alta și, într-adevăr, multe dintre împrejurările prin care a trecut aduc cu infernul, poate nu prin gravitatea celor întâmplate, cât prin faptul că la o vârstă adolescentină a fost nevoit să ia decizii radicale. M-a impresionat că n-avea urmă de egoism în ceea ce-mi povestea și că în spatele unui băiețel costeliv și scund a stat atâta determinare în a-și salva familia! Niciodată n-a folosit pronumele posesiv îndreptat către sine – „al meu/a mea". Şi-a sacrificat anii şi sănătatea pentru familie şi aici este un paradox cu care Adrian uimeşte: toate acele poveri le vede astăzi ca pe nişte experienţe binecuvântate. *„Dacă n-aş fi fost ACOLO, astăzi nu eram AICI!"* – afirmaţie dureros de adevărată şi, retoric, mă întreb: câţi ar sacrifica anii tinereţii pentru a munci zi lumină, câţi ar fi renunţat la plăcerile şi ispitele pe care România post-revoluţionară le oferea la tot pasul?!

Ca ascultător, prin tot itinerariul narativ pe unde m-a purtat, am avut o admiraţie nemăsurată pentru felul cumpătat în care şi-a cântărit şansele, dar mai ales pentru că s-a ţinut departe de vicii, deşi îi erau la îndemână. Oricare tânăr aflat într-un abis căruia nu i se întrezăreau malurile, ar fi apelat la soluţii aparent salvatoare ca alcoolul, drogurile sau cine ştie ce infracţiuni, mai ales că cei din jurul lui îl invitau la experimentări.

Adrian Niculescu a câştigat fiecare redută prin algoritmi judicioşi: trasarea clară a obiectivelor, îndeplinirea lor cu preţul umilinţei, al muncii excesive şi o dăruire nemărginită. Azi, oferă tuturor tot ce-a deprins din lecţiile acestea aspre. Îşi pune sufletul pe tavă şi serveşte, fără arginţi, pe cei care doresc să se înfrupte din bogata sa experienţă de viaţă.

A fost un privilegiu şi o încântare să-l cunosc pe Adrian şi îi datorez reformarea multor puncte de vedere pe care, în mod eronat, le perpetuam. Potrivit expresiei „Am împuşcat mai mulţi iepuri deodată", am scris o poveste de-o realitate covârşitoare, care va constitui o mostră de curaj pentru mulţi români. Această carte, cu certitudine, va schimba mentalităţi şi, nu în ultimul rând, agenda mea s-a mai îmbogăţit cu un prieten de suflet, de care n-am să mă las nicicând: ***Adrian Niculescu***.

Irina Amalia Băcăoanu

Vremuri bune, vremuri roz

Dacă ar fi să-mi colorez cartea vieții, aș amesteca un butoi de roșu și altul de alb, să-mi rezulte atâta roz încât să pot colora primii șaisprezece ani. Ba nu mi-ar ajunge butoiul, cisterna ar fi unitatea de măsură!

Când am auzit cântecul lui Edith Piaf, *La vie en rose*, în chip prostesc m-am gândit că pentru mine l-a încropit. Franțuzoaico, știai tu ce știai! Desigur, franceza mea era minimă spre deloc, așa încât nu realizam că-i un cântec de dragoste. N-avea importanță destinația exactă! Tot ce descria viață roz, îmi aparținea. Și știți ce înseamnă roz? Să locuiești undeva unde totul e verde. Pare imposibil ca în inima capitalei să te scalzi permanent în verde, dar eu am avut acest privilegiu.

Am locuit în imediata vecinătate a Parcului Lacul Tei. Când în sfera ta de acțiune se află un parc imens, un lac, o biserică, o mănăstire, școala peste drum și copaci din metru în metru, atunci aceasta se cheamă, în termeni simpli, RAI. Un paradis era strada Doamna Ghica! Paradisul prin care azi, de atâta apăsare, nici nu pot trece fără să mă afund într-o gravă tristețe. Acolo mi-am lăsat copilăria, adolescența și acolo e toată averea mea spirituală pe care, ca pe-un tezaur, o păstrez în adâncul sufletului meu, ca pe-o taină. Oricât aș încerca să povestesc despre frumusețea acelor zile, nici cele mai dibace cuvinte n-ar descrie fidel fericirea în care mă scăldam.

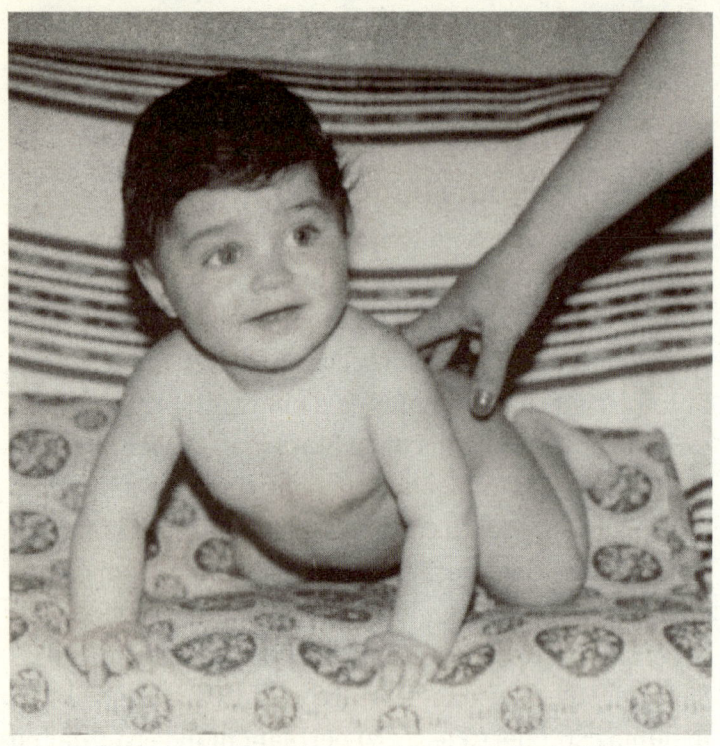

*Primii ani de viață sunt frumoși pentru toată lumea,
chiar dacă sunt trăiți în austeritate.*

Nu-mi glorific copilăria și nu intenționez să-i dau vreo tentă de unicitate. Primii ani de viață sunt frumoși pentru toată lumea, chiar dacă sunt trăiți în austeritate, exces de reguli, într-un cătun sordid sau pe asfaltul sec al orașului. Acolo e magia și miracolul, farmecul și infinitul fiecărei vieți de om. Și asta nu ne-o poate lua nimeni.

Ca orice copil normal, posesor de inocență, nu aveam noțiunea amenințării, a sfârșitului sau ruinei. Eram genul care se hlizea și la vederea unui deget și nu mă afectau câtuși de puțin adulții, pe care râsul meu, asurzitor de multe ori, îi irita.

SFÂRȘITUL ÎNSEAMNĂ UN NOU ÎNCEPUT

Ca orice copil normal, nu aveam noțiunea amenințării, a sfârșitului sau ruinei.

La mine, piramida trebuințelor se reducea la joacă, fotbal, săritul gardurilor și furtul fructelor din copaci, fapt care mi se părea infracțiune și-mi conferea adrenalina necesară. Mi se părea că sunt cineva, un fel de mafiot care pune la cale lovituri, îmi acordam singur calificative de pirat, războinic, voievod, cuceritor, când în realitate nu eram decât un ștrengar în goană după notorietate de cartier.

Nu știu dacă eram mai bun sau mai rău decât alți copii, nu mă interesa să mă situez undeva în capul listei de exemple pozitive. Trăiam la intensitate maximă, făceam

La mine, piramida trebuinţelor se reducea la joacă.

din fiecare zi un prilej de inovaţie în materie de joacă şi ştiu sigur că detestam să fiu anost. Respingeam relaţiile cu copiii plictisitori, excesiv de ascultători, tocilari, genul de „mândria părinţilor". Mi se părea pierdere de timp să ascult baliverne care nu-mi erau proprii. Pentru mine contau acţiunile. Nu eram întotdeauna iniţiatorul lor, dar jubilam dacă eram parte din ele.

Gaşca era importantă. Aveam sentimentul de apartenenţă şi păstram secrete ca-ntr-o frăţie masonică. Erau reguli şi principii stabilite de noi, pe care nu le-aş fi încălcat pentru nimic în lume. „Băieţii mei" erau deasupra tuturor lucrurilor şi fiecare dintre noi avea rolul său în grup, în funcţie de calităţile pe care i le ştiam. Dar n-aş putea spune că stabileam chiar o ierarhie. Promovam (fără să cunoaştem conceptul filosofic) egalitatea şi frăţia necondiţionate.

Şi pe-atunci... totul era roz.
Un roz clar.

Tata, eroul meu

Tata mi se părea un zeu din mitologia greacă. Era peste Poseidon și Zeus. Știa să se impună. Parcă legifera pe bandă. Crescut în stil spartan, de un tată bucureștean și-o mamă ardeleancă, de la Sighișoara, tata ne bătea atât cât să ne intre bine în cap. Și ne intra repede, dar uitam la fel de repede. Eu și frate-meu, Vali, eram atrași de lacul de peste drum. Acolo era tabăra noastră de vară și de iarnă. Și exact aia era interdicția: să nu ne apropiem de lac! Ne asumam bătaia și ne aruncam în lac sau mergeam pe gheața lui și, când auzeam că ne strigă, îngheța sângele în noi de două ori cât pojghița apei.

Pe mine mă articula mai des, dar știam că o făcea dintr-o protecție nebună. O traduceam printr-o formă avansată de iubire și știam că ne vrea întregi, iar ăsta îi era țelul în ceea ce ne privea.

Pe tata îl cunoștea toată lumea. S-a născut și a crescut în Plumbuita, lângă Tei. Din balconul nostru se vedea locul unde se născuse și copilărise.

Fizic, nu e nici acum impunător și nu era nici atunci. Destul de scund, slab, c-o figură blajină, de bunic la gura sobei, avea vorbe înțelepte și ne forma bărbați adevărați. Numai că, în nemărginita lui prudență pentru integritatea noastră, nu realiza nevoia copiilor de modele, de recompensă și nu de critici și pedepse. Dar eu, ca orice copil, găseam totul în nimic. Îl iubeam atât de mult încât chiar și bătaia o luam ca pe-o declarație de iubire parentală.

Nelu Niculescu, tata, se făcuse remarcat printr-o îndemânare și-o creativitate rar întâlnite. Avea vocație de artist.

Nelu Niculescu, tata, se făcuse remarcat la serviciu printr-o îndemânare și-o creativitate rar întâlnite. Avea vocație de artist. Strungar la „Suveica", fabrică de prosoape, dădea impresia că fără el fabrica aia s-ar nărui. Și era în asta o oarecare realitate. Nimeni nu-i putea lua locul, pentru că era devotat muncii lui și niciodată nu se oprea din a crea. Dădea ora exactă a strungăriei în secția lui. Opere de artă îi ieșeau din mâini! Sculpta în lemn, fier, piatră și mă fascina răbdarea cu care lucra.

Aveam în casă piese de mobilier lucrate de el și era greu de crezut că toate acestea sunt rezultatele muncii lui. Era stăpânit de mania detaliului și a perfecțiunii. Eu eram în delir când termina câte o lucrare și ne-o explica. Eram convins că pe-o rază de trei orașe, niciun copil nu

SFÂRȘITUL ÎNSEAMNĂ UN NOU ÎNCEPUT

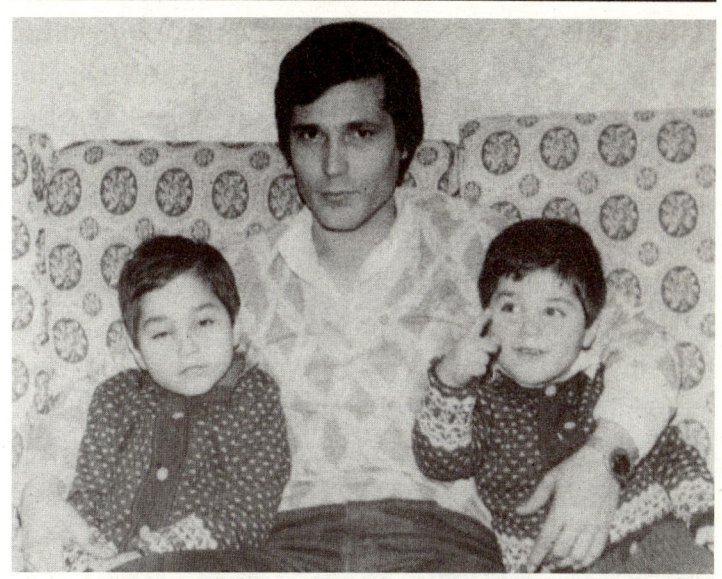

Eram convins că pe-o rază de trei orașe, niciun copil nu are cinstea să fie atât de mândru de tatăl lui, așa cum eram eu.

are cinstea să fie atât de mândru de tatăl lui așa cum eram eu. Mă dădeam mare de parcă lucrările îmi aparțineau și, în adâncul sufletului meu, mă rugam să fiu ca el. Îmi doream cu obstinație îndemânarea lui și ambiția de a munci sisific, să pot duce la capăt ce-mi propuneam, așa cum o făcea el.

Dacă el spunea că e o calitate, eu astăzi aș numi hibă înclinația lui obsesiv-compulsivă pentru curățenie. E drept că mi-a fost de ajutor în viață să fiu curat și ordonat, dar felul cazon de a ne-o cere era uneori dus la extrem. Făcusem din aspiratul camerelor o pasiune și îmi plăcea cum se auzeau firimiturile care treceau prin țeava aspiratorului; mi-era drag zgomotul ăla specific. Știam că după ce nu se mai aude, e perfect curat și că totul e pe placul lui. Scopul meu în viață, pe atunci, cred că era să-l mulțumesc pe el.

Gusturile rafinate în materie de muzică îl definesc în totalitate. Avea role de magnetofon și casete cu Moody Watters, Ray Charles, Beatles, Bee Gees, The Doors, Artie Shaw și asculta împreună cu prietenii care, de asemenea, știau să aprecieze muzica de calitate. Cu Raul Roman, fratele politicianului Petre Roman, avea o prietenie îndelungată, bazată pe respect. Tata știa să-și întrețină prieteniile: îi invita la noi pe toți, așeza mesele cu mâna lui și chiar dacă erau vremuri aspre, când nu se găseau în magazin băuturi fine, tata avea barul plin cu whiskey și cognac. Așa că petrecerile în familia noastră

Calitatea majoră a tatălui meu era că îmi iubea mama.

deveniseră obligatorii și la noi acasă era punctul de distracție și întâlnire. Se purtau discuții lungi și atractive. Stăteam între ei, ascultând politică, opinii despre muzică și autori și, uneori, se făcea dimineață fără ca ei să ajungă la vreun consens. Erau contraziceri constructive, fără să se ridice tonul și fiecare avea, indubitabil, partea sa de dreptate.

Întotdeauna în capul mesei, la petrecerile cu prietenii, tata avea o vestimentație impecabilă. Nu concepea să-și primească musafirii în haine de casă și își pregătea în amănunt garderoba: nelipsita cravată și sacoul peste cămașa perfect apretată și călcată. Avea aerul unui actor de Hollywood, al unui Humphrey Bogart sau al unui James Dean sau al oricărui actor arătos de la care nu-ți puteai lua ochii. Era frumos și manierat. Fuma într-un fel aristocrat și, în taină, îmi doream să-i împrumut viciul, măcar pentru a-i imita gesturile. Urmăream felul în care stă în scaun, felul în care ține țigara, cum trage din ea, apoi cum scoate fumul... un ritual pur bărbătesc, de la care nu-mi dezlipeam ochii. Toți bărbații din sufrageria noastră fumau, dar niciunul n-avea talentul tatălui meu în a-și adora viciul.

Odihna nu era apanajul lui și când considera că stă prea mult fără să facă ceva util, își trăgea un concediu medical și dădea câte-o fugă în târg, la Timișoara. Era un extraordinar negustor, născut cu un spirit mercantil deosebit. Știa să cumpere și să vândă. În mare secret, de teama gurilor rele sau a Securității, umplea dulapurile cu ceasuri electronice, ciocolată, băuturi fine, cafea, țigări, videoplayere. Doamne, ce om! Să n-ai niciodată tihnă, s-alergi pe o pistă care are start, dar n-are final, e devotament suprem pentru familie și de aici mi se trage admirația nemărginită pentru tatăl meu.

Aveam obligația impusă, la rang de lege, să hrănim câinii și pisicile de pe lângă bloc. Făcea parte din rânduiala zilei. Căci în sufletul lui, animalele au și azi un loc aparte. Același lucru ne-a învățat și pe noi. Ne povestea că există un Rai al câinilor și eu chiar credeam asta. Docil cum m-am deprins să fiu, în nicio zi a vieții mele n-am stat fără un animăluț pe lângă mine.

Dar calitatea majoră pe care i-o acordam tatălui meu era că-mi iubea mama. Niciodată n-a bruscat-o, n-a fost agresiv și în mediul nostru de familie n-am văzut scandaluri, așa cum povesteau copiii cu care îmi petreceam timpul pe afară. Mi se părea de domeniul fantasticului să aud asemenea atrocități. M-a ferit Dumnezeu să-mi văd mama în lacrimi, jignită sau într-o ipostază inumană! Cred că acest lucru m-ar fi marcat pentru toată viața.

Fără s-o recunoască declarativ, am știut întotdeauna că sunt preferatul lui. Am încercat din răsputeri să-l copiez, să-mi însușesc calitățile lui și, în mare parte, mi-a reușit. Am felul lui de-a mă reinventa și de a o lua de la capăt, în orice circumstanță. Sacrificiul și educația lui, pe alocuri aspră, n-au fost în zadar!

Tata ne-a construit un regat unde domnea fericirea, stabilitatea financiară, îndestularea, respectul, muzica bună și arta.

Mama, ce lady!

*„Mama e mai mare decât pământul,
Tata, mai înalt decât cerul."*
Mahabharata

Avea frumusețea actrițelor de la Hollywood. Când eram copil, alegerile ei vestimentare erau curiozitatea mea: *„Azi cu ce se mai îmbracă? Cum își mai prinde părul? Ce poșetă asortează la pantofi?"* Avea o eleganță versatilă: o aranjau și blugii și rochiile mulate și fustele conice. O frumusețe nativă, căreia nu trebuia să-i mai adauge nimic.

Dintr-o familie simplă, de la poalele munților Nemira, din Slănic Moldova, mama avea strălucirea proverbială a moldovencelor. Numai că n-avea și îndrăzneala lor; ea era diafană, sensibilă și manierată. Se enerva greu și o caracteriza mai curând un zâmbet de copil nevinovat.

Nici azi nu știu de ce a ales mama să lucreze într-o fabrică de echipamente militare și cum de i-a venit ideea să se facă electrotehnist?! Ea, cu apariția ei nobilă, cu corp de nimfă și păr de păpușă...

Am vie-n memorie o amintire care m-a marcat, nu tocmai pozitiv, pentru o perioadă lungă a copilăriei mele: a plecat de acasă cu părul lung, de Ileană Cosânzeană. Eu așa o știam și asta era singura imagine pe care o asociam cu ea. Spuneam „mama", spuneam revărsarea

Mama, pentru vecinii și prietenii mei, nu era o „doamna Rodică" oarecare. Impunea respect prin felul ei de-a fi.

aia de păr bogat pe spate, care avea un joc unduios sau strâns într-un coc rafinat. Aflându-mă-n parc cu mamaia (mama tatălui meu), din față venea ea și m-a strigat c-o oarecare discreție în apelativ, crezând că-mi creează o surpriză plăcută. I-am recunoscut doar vocea. În rest, era cu totul altcineva: părul îi era scurt și bucuria ei dădea pe dinafară că scăpase de el. Dar pentru mine, acesta a fost motiv de oripilare și blocaj emoțional, care a mers până la o sperietură atroce.

Am început să plâng cu disperare și, sincer să fiu, nu mă putea speria imaginea ei; era oricum frumoasă și mai ales, se tunsese modern, după ultimele tipare de modă, dar aveam un regret incomensurabil pentru că pierdusem părul cu care mă jucam, care îi accentua feminitatea și-i contura imaginea de sfântă din icoane. Îi dispăruse complet elementul care o făcea ca-n ochii mei să fie Madonă. Am plâns în sughițuri și nu am lăsat-o să se apropie de mine. I-am catalogat atunci tunsul părului ca pe-o trădare îndelung premeditată.

Mama, pentru vecinii și prietenii mei, nu era o „doamna Rodica" oarecare. Impunea respect prin felul ei de-a fi și era imposibil să n-o îndrăgești imediat cum o întâlneai. Nu închidea niciodată ușa apartamentului; îi plăcea casa plină de cunoștințe. Era ocazia perfectă să-și arate talentele gastronomice. Mâncărurile ei, la petreceri, nu dădeau greș. Împărțea rețete prietenelor și le explica diverse secrete de creme, bezele și aluaturi, dar niciuna nu obținea rezultatele ei. Deținea un talent înnăscut în a potrivi mâncărurile, în a le condimenta și a-și prezenta meniurile variate. Ar fi putut cu ușurință să-și aleagă o carieră gastronomică. Gătea cu pasiune, iar eu stăteam pe lângă ea să-i urmăresc îndemânarea cu care jongla printre legume și ingrediente.

În copilărie, mama mi-era instanța cea mai îngăduitoare. Nu avea tendințe punitive, cum avea tata și dacă voiam ceva de la el, ca-n jocul telefonului fără fir, mai întâi îi spuneam ei, știind că cererile mele or să ajungă la el într-un fel în care nu aș mai fi putut fi refuzat.

Deși nu recunoaște nici azi, are o intensificată doză afectivă pentru fratele meu. Îi dau dreptate, într-un fel. E tot ce și-a dorit ea. A învățat, a terminat o facultate, iubea cărțile ca pe ochii din cap și nu trebuia amenințat cu pedepse, pentru a citi lecturile de vacanță. O făcea din proprie inițiativă și o făcea cu sufletul.

Eu, mai puțin. Ba, să fiu sincer... deloc.

Dumnezeu – de frică, de drag, de nevoie

În intervalul a două bătăi de inimă se afla Dumnezeu. E posibil să fi avut o influență și așezarea blocului meu la o distanță de numai un minut de Biserica Teiul Doamnei, alăturată de Palatul Ghica Tei. O biserică cu totul specială, nu doar ca importanță istorică și culturală, dar icoanele pictate de Giacometti îmi rămâneau adânc în conștiință și ochii sfinților parcă mă urmăreau peste tot, atât erau de profunzi!

Făceam destule rele, majoritatea infantile, dar eu le consideram adevărate păcate când mă duceam în biserică să mă rog, sperând într-o mântuire imediată, așa încât s-o pot lua de la capăt. Era ca și cum, dacă am stat în genunchi în fața altarului, am sărutat icoanele de la un capăt la altul și am sărutat mâna părintelui, eram gata imaculat. Kilometrajul păcatelor mi-era setat din nou la zero.

Când mă simțeam apăsat și biserica era închisă, îngenuncheam ca cel mai mare păcătos, pe dalele din fața pridvorului bisericesc și, cu fruntea lipită de piatră, ceream iertare și finalul era mereu același: *„...că nu mai fac, Doamne!"*, dar mai dulci erau nebuniile de moment decât promisiunile făcute unei entități pe care n-o vedeam, dar despre care știam că e ubicuă și căreia nimic nu-i scapă din faptele mele.

În dreapta bisericii, cum stăteam cu fața spre ea, se aflau mormintele celor adormiți ai familiei Ghica. Îmi fereau privirile și-mi îngheța sângele-n vene la gândul că acolo-s morți. Mi-era afectată rugăciunea de eventuala sculare din morți a personalităților princiare. Era un amestec de credință, obligație și thriller science-fiction dar eu, mereu spășit, mă-ntorceam în singurul loc care-mi dădea impresia de iertare. Nu știu pe ce mă bazam și care sunt explicațiile exacte, dar la ieșire nu mă mai simțeam la fel de împovărat precum intram.

Așa că, în virtutea obișnuinței și-a unei iubiri construite în fiecare zi a vieții mele, am rămas cu Dumnezeu, pe care, dintr-un lăuntric respect, n-am putut niciodată să-L fac responsabil de absurditățile lumii.

Oamenii mei, lumea mea

Un barometru al mamei, de care se folosea ca să-mi explice cât eram eu de arătos, era eterna poveste: „Doamna Yvonne, de la parter, strecura dulciuri în sertare numai pentru tine. Lăsa ușa deschisă și tu, din instinct, te duceai direct la ele. Dintre toți copiii, pe tine te iubea, că erai frumos."

Nu știu exact cu ce se ocupa doamna Yvonne, dar știu c-o vizitau oameni de înaltă ținută morală și civică, chiar de importanță istorică, precum Doina Cornea și țărănistul Corneliu Coposu. Pe tata, ca un priceput ce era, îl chema pentru fiecare țeavă fisurată, picior de masă instabil sau broască de ușă nefuncțională și nu pierdea nicio ocazie să-i spună ce copil frumos are! Dacă ar fi știut ea că frumosul cu ochii uzi de atunci avea să devină obrăznicătura blocului, nu cred că mi-ar mai fi acordat atâta atenție.

Am fost precoce în „nefăcute": la trei ani, dezbrăcam fetele la cămin, mânat de curiozitatea nudității. Părinții mei n-au trecut ușor cu vederea faptele mele „antisociale" și s-a creat o psihoză a comportamentului meu deplasat, pentru că la vremea aceea se miza mult pe pedeapsă în vederea îndreptării. Mi se repeta des „Nu-i frumos!" și educația însemna interdicție. Ca atare, toate pornirile educative începeau cu NU. La mine, acest categoric NU se traducea prin DA. La zece ani, în clasa a treia, am recidivat c-o faptă care m-a clasat în rândul periculoşilor, a proscrişilor şi a exemplului negativ, în rândul colegilor: am spart capul unui coleg, fiu de poliţist. Nu suportam să fiu umilit de nimeni. Cu tot riscul, în orice gen de luptă, trebuia să câştig şi-mi asumam repercusiunile. Dacă asta înseamnă etichetă eternă în şcoală, pedepse din partea părinţilor, interzicerea ieşirii la joacă sau izolarea în cameră, eu le anticipam şi nu mă surprindeau.

Aveam prieteni mulţi, aşa cum aveam şi inamici de la alte blocuri, cu care mă ciocneam des, dar la suflet îmi erau Didi şi Tudor. Didi era, de fapt, Răzvan Postolache şi era fiul celebrului caricaturist Sorin Postolache, iar maică-sa era soprană la Opera de Stat, oameni cu largă deschidere în lumea artei. Didi era aluat bun, şlefuit, cu o educaţie frumoasă şi avea acea nebunie care-mi era mie pe plac.

În casa lui Didi se auzea muzică clasică permanent. El şi frate-su Bobby, ambii elevi ai Liceului de Artă, cântau la violoncel. Când nu cântau ei, exersa maică-sa, din arii celebre. Eu nu mă pricepeam şi n-aş putea spune că-mi plăcea genul ăsta de muzică, dar am crescut în acordurile lor şi pe casa scării se auzea dumnezeieşte.

Când Didi îmi povestea despre uverturile lui, în loc să-i îngădui entuziasmul, făceam glume şi imitam sunetele în chip sarcastic. Undeva, în adâncul meu, mi-aş fi dorit să cânt şi eu la un instrument, să mă fi învăţat cineva. Mă încerca un sentiment de invidie infantilă amestecată cu preţuire. Nici azi nu-mi ies din minte sunetele care veneau de la etajul patru, iar dacă aveam o admiraţie enormă pentru ei era pentru seriozitatea cu

Didi, Răzvan Postolache, fiul caricaturistului Sorin Postolache.

care se căzneau pentru ca fiecare notă de pe portativ să le iasă perfect. În hol trona un pian imens şi asta dădea casei o sobrietate care, pe mine mă oprea de multe ori să mă manifest sălbatic, aşa cum mi-aş fi dorit. Adică... *ochii şi pianul!*

Tudor, un as al cifrelor, fiu de profesor de matematică, avea şi-o soră, Mădălina, o tipă manierată, exemplară, la polul opus al fratelui său.

Domnul profesor ne pregătea la algebră şi geometrie, gratuit. Pe mine încerca să mă lumineze cum stă treaba cu ecuaţiile şi geometria în spaţiu. Cât era el de talentat pedagogic, pe mine n-a prea reuşit să mă deprindă cu cifrele şi liniile. Când vedea că n-are cu cine, capitula şi ieşea împreună cu noi la alergări, la fotbal, la plimbări şi povestea atât de frumos şi ştia atât de multe încât mi se părea o enciclopedie pe picioare. Da! Mişcarea îmi convenea mai mult decât lecţiile.

Tudor, un as al cifrelor, era fiu de profesor de matematică.

În aparență, eram întruchiparea fidelă a Cuminţeniei Pământului. Îmi trăgeam câte-o figură spăşită, nevinovată, dar în realitate eram dracul gol. Când mama lui Didi îmi spunea că sunt „frumosul blocului" şi-mi admira ochii umezi, de căprioară rănită, jubilam la gândul că nu ştie cu cine are de-a face. Frumuseţea pe care o lăuda atât era interfaţa unui neastâmpărat căruia îi stătea gândul la următoarea faptă deşucheată. Aveam atâta discernământ să nu fiu insolent şi arogant şi îmi plăcea dubla mea personalitate, de care mă bucuram în chip tainic.

Ne făcusem un obicei din stropitul cu apă. Şi trebuiau găsite metode de surprindere, că altfel, ce rost avea?! Când ne aşteptam mai puţin, Didi scotea duşul pe fereastra băii şi ne uda până la piele. Asta îi aducea satisfacţii însemnate, de parcă ar fi fost numit la conducerea unui regat. Eu cu frate-meu ne coalizam şi nu găseam replică mai bună decât bidonul cu capac găurit. Îl chemam la scară și, în mijlocul discuției, începeam ofensiva. Atacam și fugeam.

Didi era mai înalt decât noi și avea brațele ca niște tentacule. Se apăra ușor; ne ținea la distanță, în caz de atac. Ne mai băteam cu el, dar ieșeam învinși. Didi avea tehnică, curaj și mai ales se arunca primul în încăierare. Și pe mine și pe frate-meu ne biruia repede, fără drept de apel. Dar când am crescut și s-a cumulat în Vali umilința pierderii, și-a făcut curaj într-o bună zi și dintr-un pumn l-a liniștit pentru totdeauna. Eu, mai firav, n-am găsit nicio formă de agresare, așa că mă rezumam în a-i unge ușa cu pastă de dinți și a i-o mânji cu ouă. Așa-mi exercitam răzbunarea, dacă pumnii nu-mi erau atuuri convingătoare.

Dacă pe atunci mi-era gândul numai la răutăți, azi, pentru unele, mă simt de-a dreptul penibil, dar știu că orice nebunie făcută a fost prilej de învățare. Poate că toate s-au întâmplat c-un rost...

Îmi amintesc cu jenă de-o faptă cu totul neplăcută, pe care am pus-o la cale: m-am dus cu Tudor într-un parc. Și-am ochit două persoane vulnerabile: o bunicuță cu nepotul. Băiețelul avea o minge cu care se juca. La ea îmi rămăseseră ochii și i-am pus gând rău. O voiam neapărat, așa că i-am expus planul lui Tudor și ne-am apropiat de copil. Ne-am jucat cu el, hlizeam cu bunica, iar ea, jovială, era bucuroasă de noile cunoștințe cu care băiatul putea juca o miuță rapidă. Și, deodată, am dat o pasă care a plasat mingea departe de locul de joacă. Am luat-o și-am fugit cu Tudor fără să ne oprim, ca și cum bătrâna și nepoțelul plângăcios ne-ar fi putut ajunge. Fapta era hidoasă, dar ne conferea o ipostază de mafioți, ceea ce și voiam.

Am luat mingea și ne-am zis să-i încercăm aderența la asfalt, așa că am ales curtea școlii de peste drum. Și, când eram în plină beatitudine, satisfăcuți de calitatea ei, a apărut cel mai pocit țigan din cartier. Un musculos tatuat prin pușcării, cu ac și cerneală, un monstru de care probabil se speria și maică-sa, care ne-a confiscat mingea și, ca să ne fie clar că el e șeful, ne-a dat câte-un scuipat fix între ochi. Așa că, n-am avut parte de ce-am furat și bănuiam că ne-a ajuns blestemul copilului păgubit.

N-am povestit nimănui, pentru că a fost prea umilitor pentru noi, dar ne-am prins că ce-i furat nu rezistă în timp. Deveniserăm filosofi și ne invadase brusc înțelepciunea.

În fiecare zi a copilăriei mele, Didi și Tudor n-au lipsit. Mi-au fost tovarăși de teme, de obrăznicii, de secrete ascunse și nu-mi vedeam viitorul fără ei. Ne-am format împreună ca oameni și, fără să știm nimic despre viață, fiecare dintre noi e parte integrantă a vieții celorlalți. Am trăit zile frumoase, nebune, bezmetice, dar n-am putut să ținem supărarea pentru neajunsurile puerile pe care ni le cream.

Când definesc noțiunea de prietenie, am în gând imaginea noastră și bufoneriile pe care le făceam. Când sunt nostalgic, de multe ori, îmi imaginez cifre și aud acorduri de violoncel.

Doamne, de ce ai inventat școala?!

Singura dată când am avut parte de recunoaștere, pe întreg parcursul școlii, a fost în clasa întâi, când am primit mențiune. Pentru mine, însă, n-a însemnat nimic. Nu mi-am propus să nu-mi placă școala, nu mă puteam gândi pe atunci dacă mi-e sau nu utilă, dar încă de copil îmi crea impresia de pierdere de vreme. În totală discordanță cu frate-meu, care excela de la un an la altul și beneficia nativ de-o logică și-o capacitate de învățare impresionante, eu rămâneam același ignorant care detesta ideea de școală. Nu lipseam de la cursuri, poate de frica tatălui meu sau de dragul găștii pe care mi-o făcusem la școală și nici n-aș putea să spun dacă neatenția la ore era sursa aversiunii mele, însă din adâncul sufletului meu spun deschis că am urât școala cu toată ființa mea.

În primele zile ale clasei întâi, am primit nota 4 la desen. Eu cred că niciun individ situat în parametrii sănătății mintale nu poate începe școala cu 4. Numai mie mi se putea întâmpla și asta pentru că sunt construit într-un fel aparte, căci ceea ce nu-mi place nu se prinde de mine oricât de perseverent aș fi! Dumnezeu mi-e martor cât am încercat! M-am silit să învăț pe de rost, mi-am trântit cartea de cap, în speranța că se înfige și rămâne acolo, copiam lecția de câteva ori, verificând astfel proverbul „Repetiția e mama învățăturii". Pur și simplu, n-a mers!

Doamne, de ce ai inventat școala?!

„*Ce-i ăla subiect și ce-o fi ăla predicat?! A apărut și complementul! Iisuse! Și adverbul, prepoziția și conjuncția! Dar metafora, ea ce-o fi? Epitetul, hiperbola, personificarea... de pe ce planetă or fi aterizat în viața mea de elev? Cifrele alea străjuite de paranteze și acolade mi se adresează mie, oare?!*"

Eu am crezut că a fi elev înseamnă să ai costumaș curat, să ai freză, să faci ochi dulci fetelor, să ai program de joacă până nu-l mai poți duce și că atunci când se face ora prânzului, ești liber. Temele îmi păreau răzbunări ale profesorilor, pedepse deliberat puse pe umerii mei.

Știu, s-ar putea spune că eram de-a dreptul prost, încuiat sau rău-voitor. Niciuna dintre acestea. Dacă eram prost, mai căutam eu căi de îndreptare a notelor din catalog? La modul fizic vorbesc. Știți cum se îndreptau notele din catalog? Cu stiloul. Al meu. Doar nu mă puneam pe învățat pentru ameliorarea situației mele școlare. Poate de aceea am avut primele corigențe încă din clasa a III-a. Ca să fiu perseverent, am continuat și-ntr-a IV-a și tot așa... Corigența mergea la pas cu mine, ca o prietenă veche și loială.

Grijile mele erau foarte complexe și paralele cu școala: freza și fotbalul. Pe păr îmi puneam atâta gel încât părea cimentat. Nici dacă bătea crivățul de miazănoapte nu mi-l clintea. Iar fotbalul era rațiunea mea de-a exista. Țineam cu Steaua, eram stelist și eram în stare să mă iau de gât c-o lume. Formam echipe de atac și cotropeam cartierul, pe unde știam că sunt dinamoviști. Steaua sau nimic, să fie clar!

Nu știu de unde venea agresivitatea mea, pe care azi o reprim categoric. Îmi amintesc că mergeam cu țiganii rău famați din cartier și-mi plăcea că instaurez panica și tensiunea în colegii de școală. Asta îmi conferea un loc aparte în rândul lor, iar eu credeam cu tărie că nimic nu mă poate birui. Mă amuzam de defectele colegilor de parcă cel mai calm din clasă mă irita cu chibzuiala lui comportamentală și așezată și îi asaltam cu jigniri și provocări. Până-ntr-o zi... Subestimându-l pe cel pe care-l numeam „retardatul clasei", Boureanu (și numele mi se părea predestinat), la o oră de educație fizică îl tot înjuram. Era în obiceiul meu să mă simt deasupra celorlalți, așa că, la două vorbe aproape umane urmau trei înjurături pentru colegul meu. Când mă așteptam mai puțin, a strâns un pumn cât măciulia unui buzdugan de zmeu și mi l-a trântit drept în nas. Mi-am învățat lecția: nu-ți subestima adversarul și nu te baza pe colegi – la greu nu se bagă nimeni!

De asemenea, o colegă care suferea de sindromul Down, mi se părea o țintă bună de glume proaste. Îmi displăceau trăsăturile ei mongoloide și n-aveam nicio toleranță pentru infirmitatea ei. A murit și am regretat amarnic comportamentul meu tâmpit, care-i adusese suferință. Mă obseda ideea că nici scuze nu-i mai puteam cere. Să fiu sincer, moartea acestei fete m-a făcut să mă reconsider.

În spatele acestor ieșiri, pe care eu le vedeam „acte de curaj", se afla un timid care, decât să se arate sfios, să piardă teren în fața celor de alături, prefera să braveze fals, neținând seama de suferința celor afectați. Ce-o fi fost oare în capul meu?!

Căutam ocazii de bătaie și dacă simțeam că nu am șanse de izbândă, chemam „întăriri" din cartier: țigani, repetenți, tineri antisociali fără șanse de remediere. Rezolvau ei ce mie mi-era dificil. Apartenența la „gașcă" îmi dădea putere și îmi confirma pe deplin existența.

Știam c-o să afle tata, că cineva o să-i spună de „ambuscadele" mele, anticipam bătăile de acasă, dar, în chip draconic, nu renunțam la aspectul ăsta de temut, pe care îl construisem puțin câte puțin. Era o etichetă la care țineam, un ceremonial care-mi crea dependență.

Poate că e o treabă pe care mulți dintre copii au experimentat-o, dar eu, unul, resimt un imens regret pentru ieșirile din vremea copilăriei și încerc să-mi dau răspunsuri comportamentului rudimentar de atunci.

Mă dor faptele mele... mă dor și acum.

Primele umilințe
mi le-a „dăruit" bunica

Pentru unii, noțiunea de „bunică" e definită ca fiind cel mai candid om de pe pământ, care tricotează la gura sobei, în timp ce deapănă basme și are cel mai blând glas. Ea nu știe să-și certe nepoții, știe doar să-i recompenseze, în orice circumstanțe. Ascunde mereu câte ceva bun în sertare și nimeni nu-i egalează capacitatea de a tolera.

Eu n-am avut norocul să am o astfel de bunică. Ghinion! A mea a fost inversul tiparului obișnuit. A fost pentru mine sursa primelor lacrimi amare și a adevăratelor supărări. Când ni se citeau la grădiniță povești cu ghionoaie, scorpii și vrăjitoare rele, eu mi-o închipuiam pe mamaia călare pe mătură sau aruncând flăcări pe nări.

Avea bunica mea – mama tatălui meu – niște preconcepții despre moldoveni, cum că nu-s demni de încredere și respect, sunt leneși, răi și nesuferiți. Nu știu exact pe ce se baza, dar știu că dacă voia să jignească pe cineva, îi spunea că „e prost ca un moldovean". Cum fratele meu avea trăsăturile familiei din partea tatălui, iar eu pe cele ale mamei, neșansa a căzut pe mine, să fiu cel nesuferit. Nimic din ce făceam nu-i era pe plac, iar de multe ori nu-mi suporta nici prezența.

Făcea diferențe sesizabile și dureroase pentru un copil. Îi permitea fratelui meu să vorbească vulgar, ba se amuza și chiar îl încuraja. Mie mi-era interzis și deseori îmi dădea efectiv cu palma peste gură. Uram gestul ăsta! Era înjosirea maximă. Avea o mână grea, care se ducea cu direcție sigură. Mă dureau buzele și dinții de parcă mă lovisem de stânci. Așa educa ea, așa se manifesta! Pentru mine, toleranța era zero. Nici nu-mi spunea pe nume. Mă striga „Moldovene!", iar eu înțelegeam că-i vorba despre mine. Semănam la ten cu mama, care era moldoveancă și asta era pentru ea un stigmat. Purta otrava asta în suflet, pe care și-o amplifica de una singură. Povestea întâmplări cu moldoveni pe care, chipurile, îi întâlnise și o dezamăgiseră. Așa a concluzionat ea că niște oameni care se află la 200 de kilometri de noi sunt niște creaturi nevrednice de atenție. Singurul argument pentru care se credea superioară altora era faptul că nu-i moldoveancă. Radicalismul și cinismul ei nu aveau nicio bază și niciun om aflat în limitele sănătății mintale nu-și putea manifesta atâta aversiune pentru oamenii din altă zonă a țării și mai ales pentru nepotul mezin.

Când recita fratele meu câte o poezie, era în delir. Povestea tuturor cum că nepot-său e un deștept și va ajunge om mare, de care lumea va auzi. Și avea dreptate: când începea Vali „Luceafărul", te plictiseai și el nu mai termina, spre deosebire de mine, care nu știam niciun vers. Dacă încercam să spun o poezie, pe care răzleț mi-o aminteam de pe la școală, avea grijă bunica să mă dezarmeze repede și să mă facă de băcănie în fața invitaților: *„Taci, bă! Habar n-ai ce-i cu tine. Ne faci de râs!".* Nu-mi oferea nicio șansă să mă fac remarcat cu fapte pozitive.

Indiferent cum a fost bunica, a fost a mea.

Când ne cumpăra câte ceva, Vali era cel care alegea primul. Ce rămânea, era al meu, chiar dacă nu-mi era pe gust. Nu aveam voie să mă revolt, eram obligat să mă mulțumesc cu ce-mi revine. Se crea între noi doi o tensiune pe care mamaia o alimenta. În neștiința și rudimentarismul ei, a săpat o prăpastie între noi, frații, pe care mai târziu a recunoscut-o.

Era inuman ca doi copii să facă aceeași trăznaie și numai pe unul să-l pedepsești sau să-l pui să-și ceară scuze, cu capul în pământ, ca unui proscris.

Mama i-a sesizat purtările nedrepte, părtinitoare, dar, neavând pe cineva căruia să ne lase-n grijă cât erau ei la serviciu, era nevoită să închidă ochii la ieșirile de soacră „poamă acră", cum bine spune proverbul.

SFÂRȘITUL ÎNSEAMNĂ UN NOU ÎNCEPUT

Așa mi-o aduc aminte pe bunica.

Țin minte că, într-o seară, târziu, când mama ne lăsase la bunici să stăm peste noapte, după un episod caracteristic de a-l adora pe frate-meu și de a mă jigni pe mine, i-am spus în față, printre lacrimi, că face diferențe și că eu le simt. În loc să realizeze ce greșeală imensă face, mi-a spus să mă îmbrac, că mă duce imediat bunicul acasă. Era noapte și ploua afară, dar ea, îndârjită, n-a ținut cont. Îndrăznisem să-mi spun păsul, să-i fac observație, iar ea nu admitea că „un moldovean" are și drepturi. M-a îmbrăcat tataia și m-a dus, așa cum a fost dorința nevestei. Pe drum mi-a spus că n-are ce-i face și că n-are putere s-o oprească din convingerile ei.

Tataia era molcom, docil, la polul opus al consoartei. Era priceput, îndemânatic și era cunoscut de toți vecinii și prietenii ca un om „bun la toate". Am stat mult pe lângă el și am învățat de la el noțiuni de electricitate și mecanică; sfaturile lui mi-erau dragi.

Când au trecut anii, mamaia avea să-și schimbe radical poziția față de mine, dar a fost cam tardiv. Mă umilise pe tot parcursul copilăriei, mă batjocorise în fața tuturor și asta a lăsat cicatrici care nu s-au vindecat nici în ziua de azi. N-am judecat-o niciodată, nu i-am amintit și nu i-am plătit în niciun fel ce mi-a făcut, dar am sperat că va veni o vreme când singură va reflecta și va încerca păreri de rău.

Am avut dreptate. A trăit cu acest regret și a încercat deseori să-și răscumpere greșelile. Pentru mine a rămas „mamaia" și am încercat să uit faptele ei, punându-le pe seama simplității educației și a unei răutăți nevinovate.

Dar am în minte o față de copil, cu obrajii uzi de lacrimi, care merge de mână cu bunicul, în toiul nopții și care întreabă nedumerit: „Cu ce-am greșit, bunicule? Cu ce-am greșit?"

Vremuri negustorești, vremuri de tranziție

Începutul anilor '90 dădea ocazia multor români care simțeau că au talente mercantile să-și deschidă câte o afacere. Fiscul nu era câinele de pază al economiei, ca azi și, dacă n-aveai un chioșc, un magazin sau o dugheană, nu păreai racordat la contemporaneitate. După ce anii comunismului ne-au privat de existența magazinelor și eram tributari doar alimentarelor și aprozarelor, brusc, la polul opus, au apărut la fiecare colț de stradă buticuri care comercializau la grămadă orice era vandabil, fără o destinație clară a acestor magazine. Pe același raft se aflau detergentul cu sucul, sau becurile cu pâinea. Un amalgam inestetic, o așezare dezorganizată a produselor și destinației lor... Erau vremurile când orice afacere părea înfloritoare, pentru că poporul cumpăra orice era inedit și strălucitor. Și nu lipsa de gust era motivul, ci sălbăticia normală de a cumpăra ceva la care până atunci nu avuseseși acces.

În acest context, părinții mei au urzit o strategie îndelung chibzuită, care suna a genialitate. Cum serviciul la stat era oricum incert și industria devenea din ce în ce mai mică, unica speranță a viitorului era deschiderea unei afaceri de familie, care să asigure nevoile zilnice, financiare, sau chiar să ne îmbogățească. Vremurile permiteau acest lucru. Nu se întrezărea nicio amenințare

Părinții mei, în momentele de glorie.

și după îndelungi calcule, peste drum de blocul nostru, lângă școală, ai mei au amplasat un magazin cu destinație alimentară.

Eram în clasa a III-a și trăiam în raiul dulciurilor, al înghețatei și sucurilor. Nu-mi puteam dori nimic mai mult. La școală eram respectat pentru asta. Colegii mei fugeau în pauze să-și cumpere câte ceva de la ai mei și dintr-o familie care trecea drept una normală, fără aparente caracteristici deosebite, am ajuns renumiți datorită acestui magazin, care își mărea continuu cifra de afaceri și cantitatea de produse. Cu alte cuvinte, totul mergea atât de bine încât planul anticipat n-a mai părut chiar atât de optimist.

Tata alerga după mărfuri prin en-gross cât era ziua de lungă și căuta să-și diversifice marfa, iar mama stătea la raft și își etala jovialitatea cu fiecare client în parte. Era făcută pentru asta. Toată lumea îi aprecia talentul negustoresc și bunătatea cu care trata pe fiecare. Nu era de neglijat nici aspectul de doamnă, întotdeauna îngri-

SFÂRȘITUL ÎNSEAMNĂ UN NOU ÎNCEPUT

jită și perfect asortată, de parcă ar fi călcat pe covorul de la Cannes și nu pe gresia unui magazin de cartier.

Magazinul nostru era punctul de întâlnire al celor din zonă. Era ca o „Poiană a lui Iocan" unde se dezbăteau subiecte politice și de toate soiurile. Partidele de șah între vecini se țineau până noaptea târziu, iar magazinul nostru părea că are rol de liant între oameni: îi aduna, îi coagula, îi scotea din anostul după-amiezelor de vară, de după serviciu, când lenea se așază în chip firesc. Noi, copiii, stăteam ciorchine pe lângă ei, iar eu mă umflam în pene ca un cocoș și aveam atitudine de patron printre copii. Se făcea târziu și mie-mi picau ochii-n gură de somn, dar tot n-aș fi plecat acasă. Ce-mi păsa mie de teme și de trezitul de dimineață, pentru o nouă zi de școală?! Dar cu ai mei nu-mi mergea! Când se uita tata la mine, înțelegeam că trebuie s-o roiesc la culcare. Cu jale, eu și frate-meu ne uitam înapoi de parcă lăsam în urmă Disney Land.

Cu mama și mama lui Nicu (Pompy) la noi la magazin.

Între timp, tata a găsit un contract de muncă și a plecat în Danemarca. Tot pentru magazin s-a gândit că ar fi benefic. Mai mulți bani, mai multă marfă, o altfel de așezare și modernizare, adică o afacere pe care o vedea serioasă și de viitor. Nu i-a fost ușor să ne lase, știind că ne va fi greu în lipsa lui, dar îi intrase în cap varianta plecării în străinătate și nimeni nu putea avea ceva împotrivă. Intenția lui era mai mult decât umană, familială... omul ăsta era extraordinar! Se sacrifica pentru familie într-un fel eroic, așa cum nu auzisem s-o mai facă cineva. Nu contenea să-mi servească drept model. De câtă iubire și sacrificiu să fie cineva capabil și să nu se oprească niciodată din dăruire pentru ai lui?! Era din nou eroul meu! Am promis că eu și fratele meu vom avea grijă de mama și o vom ajuta într-ale magazinului. Și asta am făcut: așezam marfa în rafturi, vara stropeam asfaltul din față, ștergeam praful așezat pe vitrine, pe geamurile exterioare, căram marfa și ajutam la vânzare atunci când mama ne-o cerea.

Când tata s-a întors din Danemarca, într-adevăr, s-a cunoscut schimbarea magazinului nostru, care devenea din ce în ce mai vizibil și mai cunoscut. Dar, văzând că toate merg ca unse, nu s-au mulțumit cu puțin și au vrut și-o extindere, amplificând afacerea cu alte două magazine. A fost nevoie doar de câteva discuții, un curaj nebun și un plan pentru marea privatizare. Așa că au mai închiriat două spații: unul destinat pompelor funebre, altul produselor alimentare. *„Pompe funebre... să te bucuri de moartea altuia ca să câștigi tu!"*, îmi spuneam în gând. Și nu mi se părea o afacere care merita atenție. Suna ciudat și morbid! Și dacă tot veneau atâția bani, au găsit de bun augur să-și extindă și proprietățile. Astfel,

SFÂRȘITUL ÎNSEAMNĂ UN NOU ÎNCEPUT

Sorin Postolache – un înger păzitor.

au devenit stăpânii unor terenuri prin Slănic Moldova. Visau la o casă liniștită la poalele Nemirei, la grădină cu flori și zarzavaturi și mama jubila numai la gândul că anii următori îi va petrece în locurile natale. Vorbeau des despre retragerea în liniștea muntelui, iar eu cu frate-meu puneam la cale terenul de fotbal pe care vom fugări mingi.

Ba chiar își făceau planuri pentru o pensiune pe care o vor construi și tata făcea schițe pe hârtii, descriind construcții rustice, unde esențele naturale vor fi baza. Explica cu patos cum va sculpta lemnul pentru balcoane, mobile, cerdac și, iubitor de animale fiind, le pregătea chiar și câinilor cușcă de stejar cu motive tradiționale! Era fericit cu planurile lui, iar mama, soție ideală și încrezătoare în bărbatul ei, aproba orice idee răzleață a omului de lângă ea. În fond de ce nu ar fi acordat încredere planurilor lui de viitor? Toate mergeau perfect. Afacerile nu dădeau semn de regresie și banii veneau în neștire, ca un râu curgător, învolburat, de neoprit.

Ce zile! Ce Rai! Ce frumoase au fost acele zile de dinaintea furtunii!

Cum nicio minune
nu durează prea mult...

Cam şapte ani a ţinut miracolul privatizării. Un vis prea frumos ca să prevestească cineva că va deveni un coşmar. Ai mei credeau că doar unora li se potriveşte sintagma „Orice început are şi-un sfârşit" şi că ei sunt feriţi de ghinion. Socoteala de acasă şi cu cea din târg nu s-a potrivit şi primul magazin deschis nu le putea susţine pe celelalte două, iar de aici, fireşte, a început iadul. Tata credea că e doar o perioadă nefastă şi spera că vor merge toate trei magazinele şi, dintr-o ambiţie toxică şi de neînţeles, n-a renunţat la spaţiile nou achiziţionate. Voia el să demonstreze că nu i-a pierit simţul afacerilor şi că va răzbi! Chestie bărbătească, care-l caracteriza şi nu-i venea la socoteală să se dea bătut. S-a decis să meargă înainte, făcând tot felul de scenarii nerealiste.

Au început disensiunile, gândurile negre, îndoiala şi dracul şi-a strecurat pervers coada. Colapsul era mai aproape decât credeau, dar ei doi refuzau să recunoască şi să se dea bătuţi, de parcă erau în competiţie cu cineva. Marfa din rafturi se împuţina şi, dintr-un magazin în care se găseau de toate, rafturile ajunseseră aproape goale. Clienţii, care altădată îşi îndestulau sacoşele din magazinul nostru, observau cu stupoare că locul s-a schimbat brusc într-o locaţie de unde nu aveai ce-alege.

Era o cădere vizibilă, o gheară care te ținea strâns de jugulară și te lăsa să respiri cu porția, cât să nu mori. Prețul gloriei se plătea în fiecare zi și moneda de schimb era disperarea. O resimțeam în fiecare clipă. Discuțiile aprinse, nervii, iritarea, încordarea, luaseră locul fericirii de altădată. Casa noastră se cufunda într-o mâhnire vecină cu nenorocirea. Ca-ntr-o conjurație parșivă, prietenii de familie, care altădată își făceau veacul în casa noastră, au început să dispară ca speriați de tifos. Mi-era clar că erau prieteni de mucava și că le era prielnică legătura cu ai mei doar când afacerile erau pe roze. Când rozul s-a transformat din gri în cenușiu, apoi în negru, nu i-am mai auzit nici pe la vreun telefon, nici de complezență. Etica minimei prietenii ar fi cerut ca măcar din când în când să-și exprime îngrijorarea pentru situația noastră, măcar în virtutea clipelor frumoase petrecute la noi, când ai mei îi invitau săptămânal și le puneau la dispoziție tot ce aveau mai bun, fără nicio rezervă.

Nu știu cât de amarnică a fost căderea financiară pentru ei, dar știu că dispariția tacită a prietenilor a fost o lovitură usturătoare. Tata, un idealist cu vocație de prieten loial, privea nedumerit la felul în care lumea, la necaz, întoarce spatele și reneagă anii frumoși ai prieteniei lor. Deveniseră niște râioși de care se fereau, ca să nu fie contaminați. Unii chiar se bucurau de sfârșitul sumbru al afacerii noastre, de parcă i-ar fi avantajat cu ceva. Prietenii se transformaseră repede în inamici și judecau aspru, exact ca un tribunal. Nu le ceruse nimeni părerea și nici susținerea, dar ei continuau să arate cu degetul, acuzator: *„Ți-am zis eu!"*. Ne era clar că suntem singuri într-un ocean de gânduri negre şi tata cu greu concepea că pe baricade, alături de el, eram doar noi, familia lui care încă nutrea speranţa de ieşire din impas sau o idee salvatoare.

„Falimentul" era cuvântul pe ordinea zilei. Îl auzeam mai des decât „Bună ziua", dar în mintea mea de adolescent refuzam să-mi imaginez scenarii apocaliptice. Eram un elev de liceu care, prin prisma vârstei, privea lucrurile într-un fel optimist. Ştiam că tata găseşte mereu o cale de salvare. Era cu neputinţă să se ruineze ceva atât de bine consolidat!

Nici contextul politic al vremurilor n-a fost tocmai prielnic. Se începuse o hărţuire a „buticarilor". Relaxarea de până atunci devenise poveste. Se făceau controale dese şi se dorea o exterminare a micului întreprinzător. Se intensificau taxele şi se cereau documente de parcă chioşcurile constituiau pierderea şi diminuarea economiei româneşti. În realitate, aceste mici afaceri erau piloni de existenţă ai omului de rând, care făceau ca acesta să se simtă stăpân pe ceva şi era un motiv în plus pentru stoparea fenomenului emigrării, care începuse deja. Mirajul Occidentului nu era un pericol; era o formă de libertate normală, într-o ţară cu pretenţii democratice, dar parcă rămânea ţara goală, se împuţinau oamenii... Dacă şi mica privatizare era atât de hăituită, industria era din ce în ce mai lovită, ce puteau face românii decât să-şi părăsească ţara şi să-şi caute norocul pe alte meleaguri?!

Într-una din zile, mama a lăsat la îndemână caietul unde-i trecea pe datornici. Avea ea nişte vecini din cartier pe care îi credita. Nu-i putea refuza şi le dădea produse pe care ei le plăteau la salariu sau când făceau

Falimentul bătea la ușă.

rost de bani. Era o obișnuință la vremea aia. „*Trece-mă la caiet!*" era moda vremurilor și nu era nimic indecent sau condamnabil în asta. Dar, din neatenție și fără să-și închipuie că ține sub tejghea ditamai „delapidarea", a fost găsită cu „obiectul infracțiunii" și, de aici, un calvar întreg de amenzi, invitații la Serviciul Financiar și mustrări, amenințări cu închiderea magazinului... o întreagă mascaradă, pentru un gest umanitar, până la urmă, pe care mama îl făcea față de cei care nu aveau bani pe moment, dar care plăteau cu siguranță mai târziu.

Nu avea mama nervii necesari să poată duce pleiada de inspectori care năvăleau ca hienele după ciugulit ceva șpagă sau dat amenzi. I se părea că Dumnezeu și-a întors fața de la noi și făcea din asta o Apocalipsă. Mi-era milă de ea câteodată și o luam cu glumele mele deplasate. Practic, încercam s-o sustrag de la gândurile negre, dorind s-o învăț să fie optimistă în orice situație, oricât de neagră ar fi fost.

Părea că-mi reușește planul, dar numai ziua. Căci noaptea o auzeam cum ofta și probabil n-o lua somnul din cauza gândurilor care puneau stăpânire pe ea. Era fricoasă și nu putea spune exact ce-o neliniștește. Spunea că, deși caută să facă afacerea cât mai cinstită, instituțiile statului te clasifică drept hoț, delapidator... era o condiție nouă, pe care n-o accepta, cu care nu se putea acomoda.

Măcar să furăm cu toții

Poate că un contabil profesionist și de bună credință le-ar fi dat sfaturile necesare unei supraviețuiri pecuniare sau ar fi găsit moduri prin care să evite o cădere, dar contabila magazinelor noastre era o femeie limitată în cunoștințe și relații. Ai mei au ținut-o în virtutea timpului petrecut împreună și le-a fost jenă s-o dea afară. Ghinionul lor! Făcea erori în acte și-n loc să le salveze, afunda mai mult magazinele într-o situație deplorabilă.

În toți anii în care am avut magazinele, eu am furat o mulțime de bani. Banii ăia mulți din sacoșe îmi dădeau impulsuri drăcești. Nu mă lăsau să dorm, îmi creau neliniști și-mi făceau cu ochiul mai ceva ca o divă. Să iau câțiva, că doar nu s-o cunoaște, din noianul ăla mare! Și-mi făcusem o obișnuință din asta. Eu ce să fac, dacă au pus oaia în gura lupului?! Furam zilnic, mereu și fără să-mi pese. Erau bani mulți acolo. Am început cu sume mici, nesesizabile, ca mai apoi să-mi umplu buzunarele, să am ce cheltui cu prietenii. Nu mă mustra conștiința, nu mi se părea că produc vreo calamitate, așa că mi se duceau mâinile singure acolo unde se obișnuiseră. Fura și frate-meu, dar el o făcea rareori și lua cu milă. Eu nu aveam scrupule și-mi plăcea prea tare să mă simt cineva printre țiganii din cartier. Țineam gașca după mine de parcă eram președinte de stat. Nu mi se putea întâmpla nimic. Eram ca un senator cu imunitate parlamentară; nimic și nimeni nu mă atingea. Cumpăram, cu banii furați de la ai mei, toată suflarea țigănească din cartier. Mi-era clar: fericirea, renumele și prieteniile costau.

Cu banii furați, prima dată îmi cumpăram dulciuri. Eram sclavul înghețatelor MARS și le mâncam ca pe popcorn. Galant, îmi duceam colegii și colegele la McDonald`s, în Floreasca, de parcă eram fiul unor nababi care nu avea limită în cheltuieli. Buzunarul meu era sac fără fund și viciul se intensifica în fiecare zi. Nu știam ce înseamnă să n-ai bani în buzunar și nici nu cunoșteam lipsurile adolescenței, pentru că tot ce visam, îmi cumpăram. Ai mei erau prea ocupați să observe, iar eu eram dibaci în a ascunde și a simula.

Și totuși, uneori mă loveau procesele de conștiință. Îmi părea rău că persiflam munca părinților mei, mă durea ticăloșia mea și, spășit, mă duceam la biserica de lângă noi. Îngenuncheam și făceam cruci ca un fanatic.

Acolo, în singurătatea zidurilor, unde sfinții mă priveau, mă simțeam cel mai păcătos. Mă rugam cu lacrimi sincere să mă ierte Dumnezeu și mă uitam în sus, spre cupola bisericii, de parcă așteptam vreun semn mântuitor. *"Iartă-mă, Doamne, că fur, că mint, că săvârșesc păcatul mândriei cu banii mei, că asupresc amărâții, că nu-mi ascult părinții și că vin la tine numai când mă simt prea apăsat!"*. După ce îmi isprăveam numărul, aveam impresia că sunt iertat și că pot s-o iau de la capăt, după ce am mărturisit metehnele. Cum se lăsa seara, înainte de culcare, mă duceam la locul care mă ademenea demonic și mai băgam mâna o dată, promițând mereu că e ultima. Obișnuința îmi spunea că tot acolo o să mă întorc și era așa de dulce acest păcat, încât era deja parte din rutina mea zilnică.

Frate-meu, afectat de ce făceam, văzându-mă într-o zi cum fur un pumn de bancnote, sătul de „talentele" mele de hoţ, m-a ameninţat c-o să-i spună lui tata. Am încercat să-l mituiesc, dar n-a ţinut şi, în timp ce negociam tăcerea lui, nici nu observasem că mama era în pat, cu plapuma trasă-n până-n ochi şi a auzit toată discuţia noastră.

Mi s-a năruit tot Universul. Am îngenuncheat ca la popă şi am implorat-o din adâncul rărunchilor mei să nu-i spună tatălui meu, dar rugăminţile mele, însoţite de lacrimi amare, n-au sensibilizat-o şi a aflat şi tata că, în ciuda educaţiei lui riguroase, în care punea accent pe onestitate, creştea în casă un hoţ.

Mi-a dat atâta bătaie încât mi-am promis că dacă scap din mâinile lui mă fac om serios şi mă călugăresc. Dar nu aveam eu stofa fratelui meu, care trebuia să se fi lecuit încă din fragedă copilărie de furat. Când avea vreo trei ani, a luat nişte bani din buzunarul unei haine agăţată în cui, pe hol. L-a prins tata şi i-a înţepat mâinile cu acul. A fost un gest radical, exagerat şi inuman, dar a avut efect. Vali n-a avut apucăturile mele; la vremea aia, însă, mie nu mi se părea că ar trebui să-mi fie model. Poate dacă mi se întâmpla în copilărie ceva asemănător şi eram corectat la timp, nu m-ar fi dus mintea ca la adolescenţă să îmi umplu buzunarele cu ce nu-mi aparţinea.

În această vâltoare a pierderilor din toate părţile se învârteau părinţii mei. Deposedaţi din toate părţile, viaţa începuse să miroasă a hoit. Când e să urmeze nenorocirea, nu te poţi împotrivi!

Şi ca naiba... toate se ţin lanţ şi vin peste tine ca ciocanele... bum-bum-bum!

Început de sfârșit: credite în bănci

În tot acest tablou cu iz de deznodământ trist, era o singură parte pozitivă: eram încă o familie unită, care căuta soluții. Ne adunam, dezbăteam și tata era cel care aproba sau infirma teoriile noastre. E drept că ne pierise entuziasmul și optimismul de altădată, dar magazinele erau rostul nostru de a supraviețui. Tata investise acolo tot ce avea și tot ce câștigase, cu chinuri, în Norvegia. S-a ajuns la concluzia: *„Tot înainte cu orice preț!"*

Ai mei luau decizii după ce cântăreau atent situațiile și nu țin minte ca vreodată să-și fi impus vreunul dintre ei părerea. Calculau pierderile și întorceau situația pe toate părțile. Se ascultau reciproc, aveau o comunicare civilizată și ajungeau împreună la răspunsuri pricopsite și avantajoase, dar de data asta... parcă cineva le întunecase mintea. Nu înțelegeam de ce țin neapărat să continue o afacere care nu mai era rentabilă și de ce nu se retrag?! Era adevărat că pierduseră, dar câștigaseră destul. Dacă s-ar fi oprit atunci, calvarul de mai târziu n-ar fi fost aievea. Nu puteam interveni în deciziile lor. M-au învățat să-mi văd lungul nasului și de condiția mea de copil. Nu-mi era la îndemână să-i contrazic, să le deschid eu ochii, mai ales că mă bazam pe un presentiment. Ar fi zis tata că judec ca babele și felul meu pragmatic de-a gândi nu îi este propriu lui. El, care era atât de curajos, să ia în seamă presupunerile mele...?! N-aș fi avut nicio șansă.

SFÂRȘITUL ÎNSEAMNĂ UN NOU ÎNCEPUT

Și s-a făcut primul pas în vederea redresării afacerii: un prim împrumut la bancă, cu care abia au reușit să achite niște plăți și să aducă marfă nouă în magazin. Alt credit, altă bancă... alte facturi, chirii, mărfuri... și această suveică, ce s-a tot învârtit, n-a reușit să acopere nimic din pierderi, dimpotrivă, afacerea s-a afundat definitiv.

Cum băncile sunt binevoitoare doar când își propun să te atragă în mirajul creditelor, când îți trimit somații de plată nu mai au același ton al binefăcătorului care a fost inventat să te salveze pe tine, ruinatul. Pe toate canalele de comunicare existente la ora aia, somațiile veneau prin telefon, scrisori și inspectori, iar de aici până la amenințare a mai fost doar un pas.

Am învățat atunci o lecție: că ar fi bine să te descurci cu ce ai, să nu te întinzi mai mult decât îți permite plapuma și că băncile nu-ți pot fi prietene, așa cum pretind, ci dușman voalat, gătit cu cămașă și guler alb, care își începe amenințarea cu „Bună ziua!" și își încheie pledoaria, după ce ți-a refuzat refinanțarea, cu „O zi frumoasă vă doresc!".

Să urezi zile frumoase ruinatului... ce glumă sinistră!

Alte soluții „salvatoare": alcoolul și cămătarii

Când cineva n-a avut niciodată datorii, nu știe ce înseamnă presiunea aferentă acestei stări. Se poate spune că o viață bună are cel care nu a fost niciodată nevoit să ajungă să se împrumute. Dar în orice țară civilizată, oamenii încep afacerile sau viața de adult cu un împrumut. Nu e atât de înfricoșător. Numai că trebuie să fii și solvabil pe parcursul creditului. Dacă ți s-au gripat afacerile și brusc ești în imposibilitate de plată, începi să faci cunoștință cu disperarea. Sau poate că în țările civilizate, chiar și în anii `90, instituțiile bancare nu stăteau la pândă ca inamicul care abia așteaptă să te vadă căzut, să-ți înfigă și el un cuțit în spate. Nouă asta ni s-a întâmplat. Am avut parte de atâta presiune psihică încât unica salvare a fost unde am dorit să nu ajungem vreodată: la cămătari.

Tata suporta din ce în ce mai greu situația dezastruoasă în care ne aflam și obligația restituirii creditelor îi umbrea fiecare clipă. Mama încerca să nu pară disperată, să nu acutizeze situația, dar oricum ar fi pozat, rezultatul era același. Ca să liniștească spiritele pentru o perioadă și să nu-și mai vadă bărbatul într-o continuă frământare, a luat decizia să împrumute de la o fostă colegă. Se mai împrumutase și altădată, dar luase sume mici. Corectă, i le-a restituit de fiecare dată la timp, iar Geta, femeie de treabă – singura ei cunoștință care avea bani lichizi, mulți. Din cercul cunoștințelor care ne vizitau odată n-ar fi cerut pentru că nu dorea să se afle cât de gravă ne era situația.

Geta, care la început s-a arătat agreabilă și cu talentul unui veritabil psiholog, a ascultat zbuciumul prin care trecem, s-a dovedit a fi femeia ale cărei imagini și fapte aveau să mă urmărească toată viața. Avea aspectul unei țărănci urbanizate cu forța și umbla împopoțonată cu giuvaeruri. Purta rochii înflorate ca o sorcovă, avea sprâncenele complet pensate și creionate și părul făcut permanent, realizat la vreo cooperativă, completa figura unei provinciale spălăcite.

I-a dat mamei trei mii de euro, a fixat data limită la care își voia banii și a stabilit o dobândă de bun simț, dar, totuși, considerabilă pentru situația noastră. Mama, voind să achite creditele și să-l calmeze pe tata, a acceptat condițiile Getei, sperând că ceva bun se va întâmpla și se vor termina datoriile. Geta nu dădea semne să fie găunoasă și treburile se aranjaseră într-un fel. Mama a achitat chiriile, a cumpărat marfă în magazin, dar banii nu erau de ajuns și pentru achitarea creditelor. Tata voia să vadă marfă-n magazin. Asta îi genera lui liniște și siguranță. Corect ar fi fost ca mama să fi plătit datoriile către bănci, dar dacă le-ar fi plătit, nu ar mai fi avut bani să ruleze și să înapoieze datoria Getei. Doamne, un amalgam financiar care, oricum ar fi fost gândit, ne trimitea tot în criză! Băncile puneau presiune, în tot acest timp și în casa noastră, liniștea de altădată a devenit istorie!

În tot acest vârtej al vieții, în care ne prăpădeam ca familie, mama n-a rezistat psihic și a început, puțin câte puțin, să bea. A început timid, cu câte o sticluță luată din raft. Se strâmba când o ducea la gură, de parcă o obliga cineva. Dar, probabil că starea aia de euforie o ajuta să treacă peste amărăciunile care se înteţiseră. De la o sticluţă mică cu vodcă, la două, la mai multe, mama a devenit alcoolică.

Nu ştiu dacă vreun tânăr, în anii liceului, îşi poate închipui cum e să-ţi vezi mama dărâmată, incoerentă, confuză, ciufulită, iresponsabilă, exact în anii în care ar fi trebuit să ai viaţă personală, un minim de fericire ca să te dezvolţi ca om... eu, de fapt, nu-mi doream decât puţină normalitate.

A fost pentru mine un calvar s-o văd degradându-se în fiecare zi. Speram să nu ajungă să fie dependentă de alcool. Credeam că va veni o zi când se va opri de la sine, sperând, în mintea mea de adolescent necunoscător, că e doar o perioadă tranzitorie. Ba, uneori credeam că glumeşte şi că încearcă să-i atragă atenţia tatălui meu. Era imposibil ca ea, o femeie care a realizat atâtea în viaţă şi pe care părea să n-o biruie niciun viciu, să ajungă să nu poată trăi fără sticluţele alea mici, pătrăţoase, pe care le-am urât cu toată fiinţa mea.

Când o vedeam că le ascunde pe după raft, mă umpleam de nervi şi isterie. În situaţia dificilă în care ne aflam, numai alcoolismul mamei lipsea! Beţiile ei întregeau tabloul negricios al zilelor noastre. Aveam nişte sentimente amestecate: o priveam cu o imensă ciudă şi o nesfârşită milă. Mi-era ciudă pe ea că n-a rămas să lupte într-o formă conştientă, alegând să se retragă, în clipele alea, într-o lume proprie, unde predomina dorinţa ei stranie de a se desprinde de realitate. Altădată, când îi vedeam faţa ruinată de lehamite şi alcool, mă cuprindea un sentiment de milă şi-mi venea s-o smulg de-acolo, s-o duc undeva, departe, să-şi uite gândurile care, ca un cancer, puseseră stăpânire pe ea. Dar nu aveam nicio putere şi asta mă dezarma.

Când o găseam trează, lucru care se întâmpla din ce în ce mai rar, o rugam să se oprească din băut și îi explicam ca unui copil cât rău îi face și câtă mâhnire ne produce nouă, celor din jurul ei... Se rușina pe moment. Era vădit jenată de situația în care singură se băgase. Promitea că nu se va mai repeta, dar o vedeam căutând sticla pătrată prin rafturi. Potrivit cunoscutei zicale *"Stă lupul paznic la oi"*, mama stătea la magazin, printre sticle și bidoane de alcool. Le vedea în fața ochilor, se lăsa ademenită de aburii lor și devenise atât de vulnerabilă încât își găsise în băutură unicul refugiu și făcuse din asta motiv de supraviețuire.

E posibil să mă fi simțit pe-atunci repudiat și neglijat. Poate că judecam prea aspru, dar mi se părea că pune înaintea tuturor lucrurilor, băutura. O vedeam devotată doar bidoanelor pe care le ducea la gură, de față cu mine. Am rămas cu o aversiune crâncenă împotriva băuturii. M-au marcat anii ăia atât de profund încât orice miros de alcool sau bețiv pe care îl văd, mă întorc dureros în timp!

Imaginea unei femei care bea zilnic, e dezolantă. Imaginea unei mame a cărei rațiune a devenit doar băutura, e o nenorocire! Locul trăsăturilor fine le-au luat caracteristicile unei alcoolice care se scorojea zi după zi și, paradoxal, nu-i păsa de imaginea ei. Tocmai ea, care ținea atât de mult la aspectul ei! Ea, care detesta băutura și era întotdeauna revoltată împotriva celor care beau peste măsură!

Eu mă simțeam ca-ntr-un coșmar care nu se mai termina. Cădea cerul pe noi, iar eu eram prea neînsemnat să mă iau de guler cu soarta. Neputința mă ucidea.

Din datorii în datorii, pe drumul nenorocirii noastre

Cum nimic din ce se petrecea nu mai avea logică şi normalitate, ca să rămână-n tiparul pe care de curând îl tot contura, mama a achitat Getei cele trei mii de euro, dar, după scurt timp, i-a cerut din nou individei aceeaşi sumă. Nu se simţea ea bine, dacă nu era datoare! A făcut-o-n secret, de capul ei, crezând că face o faptă măreaţă. Începuse să se obişnuiască cu ipostaza de datornic, altfel nu-mi explic nici azi ce-a împins-o spre gestul fatal. Iar nu mai vedea tata marfă-n magazine, iar se îmbufna şi făcea scandal de parcă era cineva vinovat că negoţul lor era, practic, pe butuci. Probabil ca să-l liniştească pe el, să nu-i mai audă pledoariile, ăsta o fi fost motivul care a făcut-o să ceară din nou bani cu împrumut. Oricare a fost motivul, ştiu că asta a fost lovitura de graţie.

Din banii proaspăt luaţi, a băgat marfă în magazin, dar de data asta, din rulajul acesteia, a achitat creditele la bănci. Era imposibil să mai rămână ceva de returnat datoria Getei, pe care o vedeam zilnic cum ne purta sâmbetele pe la magazin, parcă-n aşteptarea colapsului. Văzând că mama dă din colţ în colţ când îi cerea banii, Geta a pornit ofensiva pe toate planurile. Era veninoasă şi încrâncenată şi uneltea pe toate căile posibile planuri mârşave. Îşi făcuse un obicei să treacă pe la magazin, s-o facă pe mama de râs de față cu clienții, iar mama, simțindu-se vinovată, nu riposta niciodată. Era ca o cârpă pe care Geta o manevra cum voia. Uneori, mama o ruga să țină cont de împrejurări, dar era de neînduplecat, ca o stană de piatră. Se terminase cu înțelegerea, prietenia și altruismul! Aveam parte de reversul caracterului ei. O auzeam și-n somn cum striga în magazin: *„Să-mi dați banii, nenorociților! Banii mei!"*

Ca să ne demonstreze că ea e cămătăreasă de temut, și-a extins aria de constrângere până la mine la liceu. În planul ei malefic, s-o fi gândit că, punând presiune pe mine, mama va scoate de undeva datoria și dobânda.

Și astfel, a sunat la secretariatul liceului unde eram elev într-a XII-a și a început să abereze cum că eu m-aș lăuda că îmi plătesc notele și trecerea clasei, mituind toți profesorii și că aceștia ar fi la mâna mea, ca și cum eram vreo beizadea de ministru, cu lumea la picioare. Și, în timpul unei ore de fizică, nici n-a intrat bine profesoara în clasă, că mi-a cerut să mă ridic în picioare și, ca umilirea să fie completă, mi-a spus pe un ton ironic:

— *Ia spune, Niculescule, cum ne mituiești tu pe noi să te trecem clasa? C-așa am auzit că te lauzi...! A sunat la secretariatul școlii o doamnă de bună credință și a declarat că a auzit cu urechile ei cum suntem noi, profesorii, la cheremul tău. Cum e asta? Hai, povestește tuturor!*

Eram ca trăznit de fulger, căzut din plop, venit de pe altă planetă... habar nu aveam de ce îmi sunt adresate ironiile astea usturătoare, dar repede mi-am dat seama de unde veneau și cine putea emite asemenea monstruozități. Erau de la Geta, care se îndârjea să producă tot mai mult rău, dacă tot nu obținea banii. Ea era *"doamna de bună credință"*. A și recunoscut, cu ocazia primei confruntări, la magazin. Se lăuda cu asta. Numai că nu înțelegeam de ce a ajuns până la mine la școală. Personal, nu-i făcusem niciun rău și faptul că mă denigra atât de tare, nu-i achita datoriile. Dimpotrivă, îi întețea urâțenia caracterului, iar eu o vedeam din ce în ce mai mult ca pe-o zgripțuroaică ce arunca ocări batjocoritoare și-i făcea plăcere să ne vadă teama și mâhnirea. Reușise să-mi bage frica-n oase și îmi imaginam că nu există niciun deznodământ cu femeia asta care nu dădea semne de înțelegere.

Nu-i vorba că nu-i acordam oarecum dreptate. Îi eram datori. A ajutat-o pe mama când i-a solicitat ajutorul. Nu eram atât de ignorant să nu-i recunosc contribuția, dar măsurilor ei, care îmi păreau planuri mafiote, nu le înțelegeam rostul. Mi-a produs multe suplicii și mi-a umbrit bună parte din adolescență, parte a vieții pe care n-o mai pot recupera.

Își închipuia oare cât de oripilat eram când ginerele ei, împreună cu alaiul de prieteni, din mașinile negre cu geamuri fumurii, mă intimidau pe stradă? Câți tineri de vârsta mea or fi avut parte de scene de acest tip, grotești, în realitate?! Se speriau și dacă le vedeau în filme! Ar fi pus mâna la ochi, să nu conștientizeze scena. Dar mie, asta mi se întâmpla frecvent în ultimul timp. Îmi bătea inima ca unui iepure hăituit și îmi închipuiam că n-am să sfârșesc întreg. Mergeam la pas cu frica de parcă mi-era gagică și nu mă plângeam nimănui. Era un mod bărbătesc de a alege să nu mă destăinui. Devenisem introvertit și nu mă puteam obișnui cu brutele care-mi deveniseră parte a vieții. Eram din ce în ce mai speriat când îi simțeam prin preajmă. Le auzeam amenințările și înjurăturile și mă chinuiam din răsputeri să ignor ce aud. Mă marca cumplit, îmi otrăveau existența. Zilele frumoase ale copilăriei erau departe. Mă maturizau necazurile înainte de vreme și îmi doream supraviețuirea și protecția familiei mai mult decât orice.

Dar posibilitățile mele erau infime. În fapt, nici nu eram în stare să ripostez. Limba mi-era cu răni, atât de tare o mușcam și îmi impuneam să tac.

Tăceam, înghițeam, sufeream. Uitasem cu desăvârșire cum arată liniștea și fericirea.

Pierderea casei – pierderea noastră

În avalanşa asta de întâmplări nenorocite, eu şi mama eram cei năpăstuiţi. La un moment dat, în chip inevitabil, a aflat şi tata întreaga poveste cu împrumutul, cu găştile care se ţineau scai de noi, cu toate întâmplările şocante prin care treceam. Ne ferisem să afle adevărul din raţiuni strict sentimentale: să nu-l supărăm, să nu-l amestecăm, să-l ţinem departe de tot ce făcea Geta şi era deplorabil.

Deşi era bărbat şi nu unul care ar fi stat cu mâinile în sân privind ce se întâmplă, de data asta nu se putea vorbi despre măsurarea forţelor. Cei care o ajutau pe Geta în recuperarea banilor erau oameni periculoşi şi singura lor ocupaţie era teroarea. Un eventual scandal amplificat ar fi pus paie pe foc unei situaţii şi aşa dezastruoase.

Cum tata era scârbit de beţiile mamei, constrâns de situaţia jalnică în care eram şi contrariat că n-a fost ţinut la curent cu ce se întâmpla, părând că-i devalorizăm rolul de cap al familiei, a pornit valul de certuri şi acuzaţii.

În fiecare zi auzeam cum se blamau reciproc. Se dezlănţuise iadul, iar eu şi fratele meu eram martori nevinovaţi ai unor scene parcă rupte dintr-un thriller.

Într-un târziu au epuizat şi scandalurile, sătui să-şi tot arate degete acuzatoare, nu şi-au mai vorbit deloc. Se ocoleau şi au început să se urască de parcă erau nişte străini care s-au ciocnit în gară și s-au călcat pe bombeu din neatenție.

Tata rămăsese un nebăutor și îi era aproape imposibil să-și vadă consoarta atât de searbădă și dărâmată de băutură. Îi era, practic, din ce în ce mai silă să-i observe năruirea. Undeva, în adâncul meu, i-am dat dreptate în răzvrătirea lui. Mama, cu judecata afectată de alcool, ne băgase involuntar într-un hău la capătul căruia nu se întrezărea nicio luminiță de speranță.

Tot ea alesese calea simplă a beției, ca formă de aparentă și temporară uitare a necazurilor, fără să țină cont de gravitatea cu care pe fiecare în parte ne afecta. Însă viciul vine câte puțin. Nu-l dorești, nu-l chemi, nu-l vrei. Ești conștient de pierderi și consecințe, dar când vrei să te scuturi de el, ești deja dependent. Îți trebuie forțe supranaturale să te descotorosești de el. Mama nici nu mai lupta și nici n-o afecta repulsia celorlalți. Pasivitatea ei mă enerva cel mai tare!

Nimic nu mai ținea familia unită. Pumnii destinului ne înghionteau de peste tot. Vedeam oameni străini în casa noastră și am realizat că e vorba despre cumpărători ai apartamentului. Se uitau la instalații, la mărimea camerelor, la calitatea pereților...

Era o realitate crudă: pierdeam și casa. Bomboana de pe tort stătea înfiptă moț. Atât ne mai rămăsese și mă tot vedeam ieșind definitiv din blocul unde am bătut palma deopotrivă cu chinul și fericirea.

În zadar mă duceam la biserica mea dragă, să-mi spun păsurile și să mă rog. Ne pierdusem noi ca familie, dar nu voiam să prăpădim și apartamentul. Doamne, iubeam atât de tare locul ăla încât mi-era cu neputință să mă imaginez plecând de-acolo! Era ca şi cum smulgeam pe viu bucăţi din mine. Copilăria şi viaţa noastră erau acolo. Zilele alea frumoase, prietenii cărora le simţeam mila cu care mă priveau, surprinşi şi ei de direcţia greşită în care o apucasem... Ce-o să mă fac eu fără „Doamna Ghica"?! Eu doar aici pot să spun *„Acasă"*!

Discutam cu Dumnezeu de parcă-l aveam înaintea ochilor. Îmi plăcea să rămân singur în biserică, să-mi pot desfăşura monologul: *„Eu ştiu, Doamne, că tot ce se întâmplă e cu un scop anume. Tu vrei să ne încerci credinţa, vrei să vezi dacă Te părăsesc, dar eu de Tine nu mă las."* Poate că dacă m-ar fi văzut cineva, păream un caraghios sau un dezaxat, dar pentru mine rugăciunea şi vorbele pe care le adresam Divinităţii erau singurul refugiu şi acolo mi-era singura speranţă. Niciunul dintre ai mei nu venea la biserică, doar eu bătătoream calea de la scara blocului până în faţa altarului şi, pe măsură ce viaţa mi-era mai greu încercată, pe atât mi-erau rugăciunile mai fervente.

Am avut dreptate în intuiţia mea de tânăr bulversat de viaţă! Inevitabilul s-a produs. Casa a fost vândută, s-au achitat datoriile către bănci, dar n-am scăpat de Geta, de oamenii ei, de maşinile cu aspect funebru şi de cefoşii care m-au învăţat prea de timpuriu ce-i frica.

Eu? Mai trăiam din când în când

Cum am spus, școala mi-era o pacoste. În timpul clasei a VIII-a, când viața ne era pe roze, când frate-meu intrase la Liceul Teoretic „C. A. Rosetti", cu notă mare, mie mi-au tocmit profesori preparatori. O minte mai ageră poate că ar fi reușit să înmagazineze informațiile pierdute în patru ani, dar un an de zile pentru mine n-a fost de-ajuns și nu puteam recupera ce-am pierdut pe întreg parcursul școlii. Cum să fi memorat atâta matematică, literatură, gramatică, geometrie?! Mă pregăteau foști profesori de-ai fratelui meu și pentru ei era incredibil să aibă de-a face cu mine, care nu aveam nimic din inteligența și perspicacitatea lui. Mă duceam la doamna Pătru, pe undeva pe la Piața Romană și odată îmi explicase cursiv părțile de vorbire și de propoziție pe care trebuia să le recunosc într-o frază, dar când a văzut că nu s-a prins nimic de mine, a izbucnit: *„Măi băiatule, tu ai mintea înghețată!"* și se uita fix în ochii mei, ca să-mi intre bine-n cap cât sunt de îngust. Îi dădeam dreptate. Se săturase să găsească cele mai facile căi de explicație, s-o ia mereu de la capăt, să-mi dea exemple... se consuma biata femeie cu unul ca mine, care își propusese încă din prima zi în care a fost elev să urască școala. Zidisem o piedică din beton de-a lungul anilor și era greu de dărâmat. Eu știam asta, ea, biata, nu. De aceea nu mă supăram de eventualele jigniri: erau îndreptățite.

Un singur talent aveam și mi-l descoperisem tot la pregătirile extrașcolare: limba engleză. Găsise mama un profesor universitar și avea ăsta talent și tact pedagogic cum rar mi-a fost dat să văd. Avea har, omul! Pronunțam corect cuvintele, cu accent, dar neștiind gramatică, era dificilă predarea. Cu frate-meu era invers: nu avea accentul necesar, dar știa gramatică și profesorul considera că eu îl țin în loc pe frate-meu. Așa că s-a decis să facem orele separat, pentru că erau foarte diferite nivelurile noastre de cunoștințe. Și, într-o seară, bunicul, oprindu-se din tăiatul cartofilor pai, auzind discuțiile pe care le avusese mama cu profesorul, îmi spune: *„Cum să fii, mă, atât de încuiat? Ție îți place să se vorbească așa de tine? Tu nu ai niciun pic de ambiție să înveți? Ești o buturugă! Asta ești!"*. Îmi răsuna în cap ca bătăile unor ciocane: *„Buturugă! Asta ești! Buturugă... buturugă..!"*

Nu știu ce mecanisme s-au declanșat și ce a atins bunicul în conștiința mea, dar peste jumătate de an îl întrecusem cu mult pe frate-meu și am fost declarat AS de către profesorul care, cu câteva luni în urmă, nu mi-ar fi acordat șanse să învăț noțiuni introductive ale limbii engleze. Dar era și meritul lui că știa să mă atragă. Făcea povești din lecții, era calm și îl simțeam cum își dă interesul. Poate era și-o ambiție personală, să vadă dacă poate scoate un vorbitor fluent de engleză dintr-un încuiat.

Engleza s-a lipit de mine ca marca de scrisoare. Dovadă că dacă ceva îmi plăcea și îi găseam rostul, învățam și ingurgitam informații cu plăcere. Și mai ales că îi vedeam utilitatea în viitor. Mă gândeam, în chip practic, că engleza se vorbește peste tot în lumea asta și îmi doream să mă descurc în caz de nevoie. Mi se deschideau supape ale creierului, acumulând un volum imens de informații. La examenul de capacitate am luat un pic peste cinci la matematică și ceva peste trei la română, cu toată cheltuiala de timp, bani și energie depusă. Tragedie a făcut bunică-mea, de parcă se aștepta să mă vadă primul pe listă! Din „*nenorocit*" nu m-a scos și îmi ținea lecții de moralitate și civism, cum că i-am făcut de râs pe ai mei și că aș trăi degeaba dacă nu știu carte. Am stat numai cu capul în jos, rușinat de eșecul meu, dar mi se părea normal să fie așa, în timp ce ei vedeau realitatea în felul lor. Îmi dădeau exemple ale unor copii care luaseră note mari și vor fi repartizați la licee bune, iar eu, pleava societății, voi ajunge la un liceu de nimic, după care doar cariera de salahor mă aștepta. Am declanșat o dramă în familia mea și, desigur, se mulțumeau că-l au pe frate-meu, care salva onoarea școlară a familiei.

Am intrat la un liceu mediocru, Liceul Teoretic „Traian", la secția de matematică-informatică, intensiv engleză, după ce făcusem contestație la nota de examen și primisem, la recorectare, cinci. Eu îmi stabilisem obiective clare: să trec clasa, să nu repet anul și pentru asta eram în stare de orice.

Mă umileam deseori, dar nu-mi păsa decât de atingerea obiectivului meu: să termin măcar liceul ăsta prăpădit! Mi se oprea inima când o auzeam pe profesoara de fizică: „*Niculescule, Niculescule.... anul ăsta tu nu treci clasa!*". Mă mai plângeam la ea că am necazuri, că sunt presat de situații extreme și că abia le duc. Nu arăta că i-ar fi păsat prea tare. Îi simțeam privirea rece prin lentilele fumurii și dădea de înțeles că-mi răcesc gura degeaba. „*Fac orice, numai să îmi dați notă de trecere. Vreau să termin liceul! De ce să-mi puneți piedici? Cu ce v-ar ajuta? Mai mult de-atât nu pot. Recunosc deschis. Văruiesc, repar pereți, mătur laboratorul, doamnă!*"

Numai așa o puteam determina să-mi dea un amărât de cinci. Se arăta impresionată că muncesc fizic, dacă, intelectual, nu mă duce capul. Și, conștiincios, luam materiale și mă duceam la văruit pereții școlii. Eram miștoul unora, dar mie nu-mi păsa. Pe mine mă obișnuise tata cu munca, îmi explicase că e nobilă și nu vedeam de ce să mă simt umilit dacă îmi câștig astfel notele. Fiecare cu ce putea, la urma urmei!

Ce-mi place, aia fac!

De la 14 până pe la 17 ani am jucat fotbal. Terenul îmi oferea tot ce aveam nevoie: libertate, uitare, eliberare de energii și, nu în ultimul rând, îmi desăvârșeam un ideal la care visasem din fragedă copilărie.

Ai mei au tot ținut să fac școală, să învăț carte și să nu bat mingea, ceea ce s-a dovedit o alegere eronată, căci abia reușeam să trec clasa, cu eforturi și tertipuri. În accepțiunea mamei, numai golanii alegeau astfel de cariere. Dacă am văzut că ei nu mă înscriu la niciun club, m-am dus singur la „Voința Temerari București". Era cam târziu să începi un sport la 14 ani; colegii mei de echipă începuseră de la clasa I sau de la a V-a. Erau deprinși cu meciurile, cu regulamentele de joc, cu terenul. Eu eram bun în felul meu, aveam ceva talent, asta o confirmaseră și cei mai mari decât mine, care mă luau cu ei la meciurile din curtea școlii și mă puneau portar sau chiar vârf.

La echipa de club driblam, apăram, atacam și îmi trăgeam un aer de vedetă, închipuindu-mă un al doilea Hagi. Dar aveam minusuri de netrecut cu vederea: cu un egoism inexplicabil, țineam mingea și nu dădeam pase colegilor de echipă, plus că nu aveam viziune de ansamblu asupra jocului. Pentru că am intrat direct în teren, la o vârstă destul de avansată, fără să cunosc tehnică, nu știam să-mi dozez efortul. Nu duceam prea mult, eram

Ceea ce mă făcea să uit de necazuri.

ostenit după câteva atacuri şi jocul până la final era uneori un chin, dar din ambiţie alergam mai departe, fără să ţin cont de semnele oboselii. Şi mă mai dezavantaja o lipsă de atitudine pe care n-am putut s-o corectez: ţineam capul în pământ şi fixam prea mult traiectoria mingii, chestie care e taxată în fotbal.

Îl aveam antrenor pe Nea Mihai – un tip micuţ care se dăruia muncii lui într-o mare măsură, dar era ţepar, părtinitor şi din orice deplasare vedea o afacere din cazări, mese, vitamine, echipament. Trebuia să-i iasă şi lui ceva, iar asta mă scârbea şi îmi dărâma mitul fericirii fotbalului. Eu, în naivitatea mea de copil, credeam că sportul înseamnă cinste, bărbăţie, corectitudine, dar a avut „grijă" Nea Mihai să-mi arate care-i realitatea în sport.

Când jucam cu echipe din străinătate, Nea Mihai instituise o lege a clubului: nu mergea în deplasări cel care avea corigenţe şi situaţii neîncheiate la şcoală! Aici m-a lovit direct în moalele capului, căci asta era o piedică enormă pentru mine, care n-am ajuns niciodată la finalul unui an școlar fără cel puțin cinci corigențe. La sfârșitul clasei a noua, când trebuia să jucăm în Franța, eu aveam nouă corigențe. Îmi doream să merg cu echipa mai mult decât orice pe lume. Atât m-am plâns alor mei că vreau să plec în Franța, încât ei, văzându-mi nefericirea și realizând cât de legat sunt de fotbal, au apelat la o mătușă care m-a salvat miraculos, cărându-le celor de la școală sacoșe cu dulciuri și mărfuri alese, doar ca să-mi pună medii de promovare, să pot pleca la Paris.

Doamne, frumos era Parisul! I-am vizitat muzeele și m-am lăsat purtat prin istoria tumultuoasă a francezilor. Mă uluia măreția Turnului Eiffel și mulțumeam în gând ideii de-a alege sportul, căci fără fotbal n-aș fi ajuns să văd asemenea minunății. Ulterior, am povestit prietenilor, la bloc, cu sufletul în gât ce-am văzut acolo, de parcă eram singurul român care pusese piciorul în Paris.

Cum Nea Mihai (chiar, mă întreb de ce tuturor antrenorilor li se spune „Nea"!) nu s-a lăsat de micile furtișaguri care disperau jucătorii și pe părinții acestora, la un moment dat, pentru o deplasare în străinătate, ne-a cerut bani de o ladă frigorifică. Tata mi-a dat banii, eu i-am dat antrenorului, dar acesta și-a băgat frumos banii în buzunar și n-a cumpărat nimic. A ieșit scandal, lucru care m-a dezumflat și m-a îndepărtat de club. Parcă le făcea prea pe față! În plus, era obositor să merg și la școală și la antrenamente, iar de multe ori adormeam în tramvai și mă trezeam la altă stație decât la cea care intenționam să cobor.

Îmi îndeplinisem visul la care aspirasem – am jucat fotbal, am reprezentat România, am jucat pe post atacant și am purtat crampoane, așa cum mi-am dorit. Era timpul să renunț. Cariera de fotbalist nu-mi mai spunea nimic. Devenise doar o corvoadă la care cu greu mai făceam față. Apoi viața mi-a fost dată peste cap și cu scandalurile de acasă, cămătarii care veneau peste noi, datoriile și falimentul magazinelor noastre... Chiar îmi pierise cheful de fotbal. Rămân cu școala și corigențele mele! Și dacă mai vreau să joc, o s-o fac în curtea școlii, în Parcul Tei sau oriunde altundeva.

Simțeam că trebuie să înlocuiesc fotbalul cu altceva nou, ceva care-mi plăcea și-n care mă regăseam: muzica. Ascultam ritmurile hip-hop-ului românesc și visam că undeva, acolo, ar putea fi și locul meu. Aveam în cap numai Paraziții, BUG Mafia, Delikt, Sișu, Puya și Morometzii.

Eu și Soie am înființat trupa „Acapulco".

SFÂRȘITUL ÎNSEAMNĂ UN NOU ÎNCEPUT

Începusem să văd și să gândesc totul prin prisma versurilor, a gesturilor și a ritmului sacadat de hip-hop. Împreună cu Soie, am încropit o formație, al cărei solist eram eu. Compuneam melodii, ne băteam capul cu coregrafia, ne concentram să avem un mesaj clar și direct în versurile noastre... o luasem în serios. Și am decis să căutăm un studio care să ne înregistreze melodiile. Am găsit unul, undeva prin Ștefan Cel Mare, unde l-am întâlnit și pe Papa Junior, solist deja consacrat și cu renume în hip-hop-ul bucureștean. Când ne-a văzut entuziasmul, ne-a dat sfaturi, intervenea și completa acolo unde priceperea noastră lăsa de dorit.

Ce putea fi mai grandios, în timpul liceului, decât să te vezi în ipostaza unui cântăreț, stăpân pe microfon, înregistrând muzică într-un studio adevărat? Mă simțeam ca un star în ascensiune și mă visam pe scene, în concerte, aclamat de public. Împreună cu prietenii mei, visam cu ochii deschiși și ne hrăneam cu asta. O luasem în serios și puneam suflet în fiecare vers al cântecelor noastre.

Melodiile au ieșit mai bine decât ne așteptam, numai că, la scurt timp, am realizat că nu putem duce cheltuiala negativelor, care erau prea costisitoare pentru condiția noastră de amărășteni, bogați doar în idealuri, nu și-n numerar. Oricât ne scotoceam prin buzunare, nu puteam acoperi costul lor. Acasă nu știa nimeni că eu mă băgasem și-n muzică, dar rebel cum eram, nu ceream voie. Făceam de capul meu ce credeam că mi se potrivește și ce mă reprezenta.

Mi-am dorit să cânt, să mă afirm în muzică și mi-a ieșit. Am bifat-o și pe asta în agenda pasiunilor mele. În ochii mei... eu... eram cineva!

Marina, prima iubire

Am cunoscut-o când eram în clasa a IX-a, în timpul cantonamentului montan, la Voineasa. Până atunci nu acordasem mare atenție fetelor. Eram preocupat de fotbal, de băieții mei, de gașcă... Eram un timid care poza în mascul. Mă arătam indiferent la avansurile fetelor mai îndrăznețe și nu se ivise, până atunci, niciuna care să-mi trezească interesul în mod special. Nu-mi plăceau tupeistele și îndrăzneala feminină, dacă era excesivă mi se părea obrăznicie.

Dar ea era delicată și mi-a acaparat repede atenția. Avea trăsături fine, de parcă era o păpușă-n vitrină și avea vocea caldă și prietenoasă. Din profil, i se vedea năsucul ca un năsturel, în total contrast cu ochii mari și sprâncenele lungi, arcuite. Nu se dădea cu ruj și nu-și creiona buzele, dar avea gura perfect conturată, ca un tablou realizat de un îndemânatic maestru al penelului.

Era moderată în discuții; vorbea și asculta deopotrivă. Se distra pe tema aversiunii mele pentru școală, teme și citit, dar îmi aprecia pasiunea pentru fotbal. Era, de altfel, subiectul pe care puteam să-l dezvolt cel mai mult. Eram în largul meu când vorbeam despre sport. Nu știu cât de interesant eram pentru ea, dar știu că povestirile mele o distrau și se arăta interesată de orice inepție îi spuneam. Cred că entuziasmul mi-era singura atracție. Puneam suflet când vorbeam de goluri, de atac, de adversari și îmi exageram uneori rolul în echipă, dar

Prima mea iubire.

o făceam pentru a-mi spori calitățile și imaginea. Voiam să mă placă și pentru asta foloseam toate armele din dotare. Făceam pe clovnul, pe nebunaticul, pe seriosul, pe Romeo al Juliettei...

Marina avea impresia că sunt un expert în ale amorului. Cert e că până la ea nu mă sărutasem niciodată cu vreo fată. Nu ne-am sărutat prea devreme, au trecut luni bune până să îndrăznesc să mă apropii mai mult decât îmi permitea timiditatea care pusese stăpânire pe mine.

Marina locuia într-un cartier mai îndepărtat, în Tineretului. Directivele tatălui meu erau clare și fără echivoc: nu aveam voie să plecăm din fața blocului și era curată aventură să-mi fac curaj să mă duc până la ea! Mă uitam la ceas, intram în panică, stăteam ca pe ghimpi la gândul că mă caută tata și mă sacrificam s-ajung la ea. O iubeam mult și n-aș fi părăsit-o pentru nimic în lume, dar distanța dintre cartiere devenise o piedică serioasă. Mă luam cu fotbalul, cu școala, treceau câteva luni în care nu ne întâlneam, apoi iar ne regăseam și reînnodam firul prieteniei și am tot dus relația asta timp de trei ani.

Când a venit tăvălugul falimentului peste noi, mi-a dispărut liniștea și existența mea fericită s-a transformat într-un calvar în care nu-și mai avea locul și iubirea. Din păcate, după o relație frumoasă și nevinovată derulată pe parcursul a trei ani din adolescența mea, a trebuit să punem punct și să ne vedem fiecare de viețile noastre. Am suferit cumplit după Marina și în clipele mele de răgaz, o vedeam pe ea... din profil... cu năsuc de năsturel de perlă...

După ce a încheiat relația cu mine, Marina și-a găsit alinarea în brațele unui tip cu care a avut o relație la fel de lungă și tumultuoasă. Pe atunci era un tip oarecare. Un tip atractiv, exotic, genul oricărei femei. Pe vremea aia i se spunea Ștefan. Azi îl știm cu toții după numele de scenă: **Connect R.**

Niciodată n-am rupt pe deplin relația cu Marina. Are un loc special în inima mea. Am stabilit o relație amicală și ne întrebăm de sănătate și de viață, periodic. A rămas aceeași tipă jovială, are aceeași comunicare candidă și, mai presus de toate, are deosebitul talent de a menține vii prieteniile de-o viață.

Ultimul an de liceu, un infern

Umilințele se țineau lanț de mine, de parcă scopul vieții mele era să fiu ținta tuturor înjosirilor de pe pământ. Nu mă menaja niciun profesor. Ai fi zis că se vorbeau și că urzeau, în cancelarie, planuri de atac împotriva mea.

Diriginta preda matematică și o chema Angelescu. O tipă arătoasă, cu un păr roșcat, ca de vulpe, era blajină și binevoitoare doar cu cei care învățau la materia ei și cu care făcea pregătire. Cu restul era tendențioasă și nu prețuiau în fața ei doi bani. Dacă nu erai prieten cu ecuațiile și dacă nu te ducea mintea să deslușești cifrele cu care umplea ea tabla, nu valorai nici cât o ceapă degerată. Eu, care nu eram printre favoriții ei încă de la începutul liceului, n-am reușit să obțin îngăduință de la această femeie, niciodată.

Calvarul s-a amplificat când Geta, cămătăreasa, a sunat la liceu și a spus că m-am lăudat că plătesc profesorii să mă promoveze. Oricât am încercat s-o conving că nu-i adevărat și că femeia aia e un diavol capabil de tot răul, atunci s-a dublat, triplat, înzecit, ura ei pentru mine.

A intrat într-o zi în clasă și m-a fixat demonic, gândind probabil cu ce umilință să mă mai îngenuncheze. Mi-a luat caietul, care, ce-i drept, conținea notițe de la diferite ore de curs, l-a ridicat cu scârbă ca pe un obiect îngrozitor și-a început să-și facă numărul, cu tonul cel mai sarcastic pe care l-am auzit vreodată: „*Ia uitați-vă, dragi elevi, cu ce fel de caiet vine Niculescu la ora de matematică!"*. Ținând caietul numai de-un colț, acesta s-a răsucit de două-trei ori și s-a desprins din copertă. A căzut pe jos, iar eu m-am aplecat, smerit, să-l ridic. Aveam ochii înlăcrimați și m-a durut gestul ei până-n adâncul sufletului meu de copil neiubitor de carte, dar docil și cuminte. Toată clasa a râs în hohote și eu m-am simțit din nou ultimul om de pe pământ. Mă îndoiam și eu dacă merit atenția, mila sau înțelegerea cuiva. Îmi răsunau în cap râsetele colegilor și batjocura dirigintei și înclinam să le dau dreptate, gândind că dacă un profesor atât de renumit în școală mă trata așa, probabil că asta era ceea ce meritam.

Mă ținea numai în 3 și 4, chiar dacă mai învățam uneori măcar de-un amărât de 5. La sfârșitul fiecărui semestru școlar mi se făcea inima cât un purice și-mi rodeam unghiile de emoție, întrebându-mă necontenit dacă am promovat la obiectul ei sau nu. De cele mai multe ori mă păsuia, dar numai după un îndelung șir de umilințe.

Engleza, obiectul meu de suflet, singurul pe care mă bazam, mi-era predat de-o profesoară care nu tolera alte răspunsuri decât cele predate de ea în clasă. Eu, care făcusem pregătire cu un profesor universitar, cu mult mai titrat decât ea, aveam răspunsuri ceva mai avansate decât cele pe care ni le impunea ea. I se părea că sunt arogant, că o contrazic și că mă dau deștept. Ca să-și arate supremația, nu mă nota niciodată peste 4. Atât considera ea că merit. Îmi arăta și ea superioritate, ca majoritatea profesorilor și nu avea minima apreciere pentru interesul meu la obiectul ei!

Am avut nenorocul să nimeresc profesori aprigi, neînțelegători, netalentați – pedagogic vorbind, dar niciunul n-a avut tirania și inumanitatea dirigintei Angelescu. Dacă în locul meu ar fi fost alt elev, cu o fire slabă, femeia asta l-ar fi adus în pragul unui gest necugetat sau chiar al sinuciderii. Era o Ana Pauker a sistemului de învățământ și, nu știu de ce, dar am avut pentru ea doar un sentiment de milă, de compătimire și, totodată, teama de-a nu-i mai cădea victime și alți elevi.

Eram timorat că se apropie bacalaureatul și aveam corigențe care îmi amenințau viitorul. A venit mătușa-mea să vorbească cu diriginta, să ceară clemență, a apelat la toate instanțele spirituale, ecleziastice și sociale, iar diriginta, laconică, ca-ntotdeauna, a răspuns: *"Doamnă, sunt atâția boscheți în parc. De ce nu-l duceți pe băiatul ăsta să-i tundă și-l lăsați să se chinuie cu școala și să chinuie și pe alții?!"* ca și cum liceul era consacrat, în exclusivitate, geniilor și chinul și umilințele nu au fost ale mele, ci ale ei.

A intervenit pentru mine și vecinul, caricaturistul Postolache. A adus o trupă de artiști consacrați ai teatrului, să joace o piesă în amfiteatrul școlii. A fost un festin, un spectacol reușit și toți profesorii și elevii au fost entuziasmați. Niciodată nu se jucase o piesă de teatru în școală, în care protagoniștii să fi fost actori profesioniști. Lumea era impresionată, iar eu lăudat că am adus în școală un eveniment inedit. Numai ea... Angeleasca, diriga, nu s-a lăsat impresionată și, om al cifrelor fiind, spectacolul a lăsat-o rece.

M-a ținut în tensiune după terminarea anului școlar și nu știam dacă mi-a dat notă de trecere. Și-a continuat seria de umilințe până-n ultima clipă. Cu îndelungi insistențe, a încuviințat promovarea mea, așa încât să pot intra în examen, ca fiecare elev. Spre surprinderea tuturor, am trecut examenul cu 7,71. La engleză am primit 10, la sport 10 și la biologie am reușit să copiez cu măiestrie, iar la literatură am luat peste 5. Eram atât de fericit încât mi-era frică să nu-mi sară inima din piept! „Doamne, tu mă iubești! Am știut eu!" Și-mi țineam ambele mâini la ochi, acoperindu-i, de teamă să nu mi se vadă lacrimile de fericire.

Când s-au afișat rezultatele, diriginta și profesoara de engleză, stăteau moț în curte, taman lângă panoul cu afișe și beleau ochii, consternate: „Niculescu, 7,71?! Și 10 la engleză?". Da, madam! Am luat un 10 mare cât ranchiuna ta. Și l-am luat pe merit. Dar n-ai tu capacitatea să te bucuri pentru un elev care era destul de amărât de soartă și care, practic, nu-ți făcuse niciun rău, decât cel al existenței și apartenenței la clasa pe care o păstoreai.

A fost satisfacția vieții mele și gustul ăla dulce de învingător nu-l voi uita prea ușor. Pentru familia mea a fost o știre consternantă și tot calvarul pricinuit de mine și școala mea se sfârșise.

Bunul Dumnezeu mă salvase și din acest dificil impas, iar rugăciunile mele fuseseră din nou ascultate. Căci, să fiu sincer, asta n-a fost o reușită oarecare – a fost un miracol!

Se încheia definitiv școala și odată cu ea mi se luau de pe umeri cele mai aprige greutăți și lupte pe care le-am dus și care mi-au umbrit copilăria și adolescența. Eram în extaz numai la gândul că nu voi mai da ochii cu profesorii care îmi cauzaseră atâta durere și nici cu colegii care se amuzau copios pe seama mea, ca de-un măscărici menit să-i distreze.

Dar, fără să intuiesc, greul abia începea...

Noua noastră casă, un loc străin, unde nu mă regăseam

Apartamentul nostru, vândut de nevoie și pe fugă, n-a fost valorificat la adevărata valoare. Au luat ai mei o nimica toată pe el și au achitat datoriile către bănci. Șoferul firmei noastre, un om care venea des la noi și pe care părinții mei îl considerau „de suflet", văzându-ne la capătul puterilor, s-a oferit să ne vândă casa fiului său, din strada Gherghiței, stradă situată nu prea departe de blocul pe care tocmai îl părăsisem. *„Nu vă dau casa la prețul pe care l-aș cere unui străin. V-o las în unșpe mii".* Suna mulțumitor și ne venise inima la loc. Omul era de treabă și ne oferea sprijin, atât cât putea. Pentru noi, orice era binevenit.

Am fost să vedem casa, să ne convingem măcar că e locuibilă. Nu eram în poziția în care puteam emite pretenții. Cu lucrurile în stradă și fără nicio țintă anume, gândurile noastre erau sumbre. Ne doream un acoperiș deasupra capului mai mult decât orice. Eram încă în liceu și aveam nevoie de o viață cât de cât stabilă, dar n-aveam norocul ăsta.

Când am ajuns în strada Gherghiței și am pășit în curtea ce urma să ne fie domiciliu în următorii ani, am fost destul de șocat să văd o casă lungă ca un vagon, în care intram prin bucătărie. Era un linoleum pe jos, cu aspect soios, și doar sufrageria avea un parchet care arăta ceva mai bine. Curtea era sărăcăcioasă, cu pământ bătătorit, un gard neterminat, din scânduri, iar casa avea un acoperiş dintr-o tablă ruginită, respingătoare.

Vecinii nu erau prea prietenoşi şi nici noi nu doream să ne cunoască prea bine. Era potrivit misterul. La urma urmei, nu eram într-o situaţie tocmai fericită şi am fi dorit să afle cât mai puţină lume despre motivul venirii noastre în acest colţ uitat de cartier.

Ne-am mutat imediat şi ne impuneam să ne placă noua casă. Nu era nici pe departe ca apartamentul elegant unde am locuit o viaţă, dar era destul de bună pentru conjunctura în care ne aflam.

După achitarea datoriilor la bănci, ai mei rămăseseră doar cu zece mii. Au promis vânzătorului că plătesc mia de euro rămasă în scurt timp. Acesta urma să perfecteze actele în momentul în care primea şi restanţa.

Din nefericire, de datoria Getei şi de recuperatori n-am scăpat. Veneau „cefele late" peste noi la fel de des. Ne trezeam cu ei în casă când ne era lumea mai dragă. Odată, eram în casă cu mama, ne uitam la televizor şi au apărut din senin brutele. Erau nervoşi şi îşi voiau banii. *„Banii, băăă, baniiiii!"*. Dacă au văzut că nu sunt şanse să-i primească, au trecut la ameninţări şi presiuni asupra mea: *„Bă, uite ce frumuşel e ăsta! Cum i-ar sta în pădure legat de-un copac şi violat?"*. Mi-a îngheţat sângele în vene pe loc. Eram un copil de 17 ani, care bătea mingea, îşi făcea freza, era timid cu fetele şi care se închina în fiecare zi lângă altarul bisericii, unde găsise singura speranţă de îndreptare a sorţii. De unde aveam să ştiu că există în lumea asta bestii cu chip de om?! Am trăit pe lângă oameni prietenoşi, joviali, tata ne-a învăţat să fim buni, să avem comportamente umane, să nu asuprim. Nu aveam voie nici să fim aroganți sau miștocari. Am crescut frumos... poate prea frumos. De aceea, uneori, nu făceam față tensiunilor și violenței, fie și verbale.

Veneau în vizită doar prietenii mei de suflet, cei vechi, pentru care eu eram același, indiferent de condițiile în care locuiam. Mă fofilam de colegii de școală când băteau apropouri despre vizite. Nu voiam să vadă cineva unde locuiesc. Înghițeam și așa destule umilințe. Nu-mi trebuiau și glume pe seama noii mele case.

Blestemam în gând ziua când mamei i-a dat prin cap să se împrumute, îmi blestemam soarta amărâtă, dar nu căutam niciun vinovat. Nu voiam să reproșez nimic, nimănui. Aveam și așa, cu toții, viața destul de grea. Nu mai era loc de un deget acuzator.

Mama era legată încă de viciul ei nenorocit. Mi-era urât să vin acasă, să-i văd fața și să-i aud vorbele deșănțate. Dar ceva din mine nu mă lăsa să gândesc în termeni dezgustători despre mama mea. Mi-era inima un ghem de milă. Știa și ea că se tot afundă în prăpastia băuturii și că ne provoacă tuturor durere, dar nici putere necesară să renunțe nu avea.

Cu cămătarii pe post de musafiri permanenți și neinvitați, cu atâta ceartă și alcool, cu atâtea neajunsuri și reproșuri, direcția căsniciei părinților mei se îndrepta spre deznodământ. Se simțea asta și erau dese amenințările pe care tata le făcea: *"M-am săturat să te văd numai beată. Îmi iau lumea-n cap și plec. Să nu te miri dacă divorțez și mă tot duc!"*. Mama nici nu mai reacționa, n-o mai atingeau amenințările lui.

Mă lua frica numai când auzeam că tata ne-ar părăsi. Îmi astupam urechile cu ambele mâini și fugeam la biserică, sperând că rugăciunile mele vor schimba gândurile negre și intențiile tatălui meu. Părintele se uita cu milă la mine, de câte ori mă vedea în genunchi și cu fruntea lipită de peretele altarului: *„Ce greutate te-apasă, copile, de vii atât de des, cu sufletul în gât, să te rogi? Te văd mereu pe-aici".* Îi spuneam doar că am necazuri; dacă m-ar fi pus să-i povestesc, mi-ar fi trebuit o mult de timp. Iar eu nu spuneam ce m-apasă, decât bunului Dumnezeu.

Nu s-a găsit NIMENI, dar absolut niciunul dintre prietenii de familie de odinioară, să-i împrumute pe ai mei cu o mie de euro ca să poată achita casa și să se facă actul de vânzare-cumpărare, să putem spune că avem și noi o locuință stabilă. Și nici fostul șofer al firmei noastre, tatăl celui care deținea casa, nu ne-a păsuit. Așa că am fost scoși în drum, fără nicio reținere și ai mei au primit banii înapoi, ce achitaseră pentru casă.

Tata a plecat cu părinții lui, acasă la ei, definitiv. Eu am rămas cu mama și frate-meu și nu știam încotro să ne îndreptăm. A fost un coșmar, niște clipe negre, dar cea mai apăsătoare era lipsa perspectivei unei locuințe.

„*Ce ne facem?*" și „*Încotro?*" ne întrebam de parcă avea vreunul dintre noi răspunsul. Era, de fapt, retorică întrebarea. Nimeni nu știa exact în ce direcție o să ne îndreptăm.

Atunci a fost prima dată când am pus țigara în gură. De amărăciune am făcut-o. Mi se părea că m-ajută. În stradă, singuri, ai nimănui, alungați de peste tot...

Drumurile noastre aveau să se despartă: mama s-a dus la Mioara, prietena ei cea mai bună, iar eu cu frate-meu la o familie din Tineretului. Trebuia să fim maturi, realiști, să ne înghițim lacrimile și să ne obișnuim cu situația în care am ajuns.

Plecarea din casa de pe Gherghiței a avut și-o parte bună: am achitat Getei datoria și am scăpat de cămătari. Era un motiv real de fericire, din punctul meu de vedere. Simțeam că dacă mai văd brutele alea peste noi, în casă, îmi pierd mințile de frică și dezgust.

Din păcate, tata s-a ținut de cuvânt: a divorțat de mama. N-a cerut înțelegere, n-a dat explicații, dar nici nu s-a uitat înapoi. Se săturase de necazuri și lăsa în urmă viața ultimilor ani, fără nicio remușcare sau reținere.

Cine îmi „dăruia" așa viață? Ce păcate plăteam și ale cui? Și zi-mi, Doamne, unde voi dormi la noapte?

O ușă deschisă
nu-i neapărat prilej de bucurie

O parte din lucrurile noastre rămăseseră în beciul blocului unde locuisem, iar o parte, împreună cu vechii și bunii mei prieteni, le duseserăm la o familie ce locuise cândva în blocul nostru și își cumpărase o casă, undeva prin Tineretului. Apreciam orice gest făcut și orice mână de ajutor. Când o armată de prieteni se fac că nu te cunosc și apare cineva care îți permite să-ți depozitezi mobila în garajul lor, în astfel de clipe înveți fără să vrei cum stă treaba cu umanitatea.

Mama a plecat la Mioara, prietena ei, iar eu cu frate-meu am rămas la familia care ne-a acceptat mobila și ne-a găzduit și pe noi. Avea această familie doi copii, o fată și un băiat, ceva mai mari decât noi. Când eram vecini la bloc, aveau ifose de bogați și nu se prea combinau cu noi – ăștia mici, proști și neînsemnați. Nu mai știam cum evoluaseră și care le era viața. Acum ajunseserăm să stăm în casa lor și gestul de compasiune al acestei familii a fost apreciabil.

Mi-au trasat ca sarcină să fac curat după cei doi ciobănești germani pe care îi aveau în curte. Și de când mă întorceam de la școală și până seara târziu, grija mea era să le strâng fecalele, să le spăl urina și să-i hrănesc. Iubeam câinii și nu eram într-o împrejurare care să-mi permită refuzul. Nu strâmbam din nas, înțelegând exact că trebuia doar să execut. Dar era, totuși, umilitor...

Ambii copii ai acestei familii (cărora n-am să le dau numele, din rațiuni lesne de înțeles) apucaseră calea drogurilor injectabile. Umblaseră prin diverse găști, cu persoane rău famate și s-au deprins cu „fericirea din seringi".

Sarcina mea era să-i anunț când vine maică-sa, vreo rudă sau vreun vecin nepoftit, ca să nu-i găsească în plin proces de injectare. Adică să țin de șase. Ciuleam ochii și urechile ca un securist în timpul filajului și, pe undeva, în sinea mea, aș fi vrut să afle maică-sa. Poate că i-ar fi salvat la timp din ghearele drogurilor. Mă îndoiam, totuși, că se mai putea face ceva...

Se desfășurau sub ochii mei scene înfiorătoare, vedeam ce n-am văzut în viața mea și trăiam cu frica să nu moară vreunul dintre ei și eu să fiu prin preajmă. Din păcate, dependența fetei era mult mai mare. O dată nu și-a nimerit vena și înjura ca apucata, iar când a nimerit-o, în sfârșit, țâșnea sângele ca din arteziană. Am alergat după prosoape și naproane de bucătărie, să opresc sângele și să împiedic să murdărească toată casa.

Totul era ars în jur. Adormeau cu țigările aprinse, le stingeau pe unde apucau și era o minune că nu arseseră de vii. De câte ori veneam de la școală, mă gândeam că nu-i mai găsesc întregi.

Eu eram ceva mai indulgent și mai permisiv, dar frate-meu n-a rezistat ororilor. Și-a luat hainele, cărțile și-a plecat la un prieten, Octav. Era o soluție de moment, dar nici în casa aia nu mai putea sta. Un caracter prea solid nu aveam nici eu și mi-era cumplit de greu să stau printre nebuni drogați și rahat de câine, dar altă alternativă nu aveam. Îmi impuneam să suport tot ce era în jurul meu și încercam din răsputeri să nu mă las afectat.

Eram la liceu, într-a XII-a și urma bacalaureatul. Duceam atât de multe în suflet și în minte, încât mă simțeam uneori ca un adult trecut prin zece vieți și toate chinuite. Toate mi-erau potrivnice: școala, casa, familia... niciuna nu era la locul ei.

Pe parcursul lunilor cât am stat în casa aceea, niciodată nu mi-a surâs ideea să încerc și eu să văd măcar cum e cu drogurile. Nu mă interesau efectele lor halucinogene și desprinderea falsă de realitate. Preferam să joc fotbal, să ies în parc cu băieții sau să bat străzile de nebun. Mi-era clar că odată apucată calea asta, era greu de ieșit de pe ea. M-aș fi băgat singur în corzi și mi-aș fi înrăutățit situația. Eu abia știam să fumez. Încă mă îneca fumul de Marlboro Light, dacă trăgeam mai tare.

În timpul ăsta, mă duceam pe la mama, pe la frate-meu, ne întâlneam și plângeam în grup. Eram despărțiți, fiecare în drumul lui și fiecare adormea cu gândul la ceilalți. Mama arăta rău și uneori abia se ținea pe picioare, dar era conștientă cât de greu îmi este și mă susținea, în felul ei. Eu o asiguram că mi-e bine și că după ce termin cu Bac-ul, o să mă angajez și o să plecăm altundeva, împreună. Mă amăgeam și o amăgeam și pe ea. Măcar trăiam din speranțe, fie ele și deșarte.

M-am uitat după mobila noastră din garaj, dar nu mai era acolo. O vânduseră, cred. Vindeau tot pentru droguri. Nu aveau nici cea mai infimă remușcare. Trăiau cu venele sparte și nimic nu-i mai făcea fericiți, decât siguranța seringii pline. Aiurau, delirau și trăiau din vedenii. Biata maică-sa, proaspăt divorțată, nu mai avea nicio putere asupra lor. Erau, oricum, cauze pierdute.

Mi-era milă de ei şi aş fi vrut din toată inima să pot face ceva, să-i scot din teroarea dependenţei, dar era tardiv şi nu acceptau nicio mână întinsă.

După câteva luni de pătimit în casa ăstora, am decis să plec. Dădusem bacalaureatul, eram major şi eram conştient că nu-mi era bun cadrul în care, de câteva luni, eram obligat să stau.

Niciodată nu i-am uitat pe cei doi fraţi. Pentru mine, au rămas simbolul neputinţei şi al unei fantastice dorinţe de a merge împotriva firii şi-a propriei persoane. Nimeni nu putea să le facă mai mult rău decât şi-l făceau ei singuri.

Experienţele trăite în casa din Tineretului au fost tragice, oribile, dar ştiu că eu, un copil singur şi cu atâtea probleme, n-am căzut pradă năravurilor ce duc adesea la nenorocire. Nu mi-a fost greu să mă ţin departe de ele pentru că educaţia de la tata a fost cea care m-a călăuzit în toţi anii copilăriei şi tinereţii mele.

Aveam obiective de îndeplinit, o mamă de supravegheat şi o viaţă înainte.

De ce să mă fi oprit la început de drum?

Din casă în casă, pe unde apucam

Eram secretos și nu povesteam nimănui ce-am văzut în casa din Tineretului, dar prietenii mei, Nicu și Teo, mă vedeau abătut și permanent trist. Și-au făcut curaj să mă întrebe ce se întâmplă cu mine. Eram timorat și speriat și îi îngrijora situația mea. Le-am povestit în ce atmosferă trăiesc și căutam să subliniez că eu sunt mulțumit că mi-au îngăduit să locuiesc la ei. *„E treaba lor ce fac. Mi-e de-ajuns că-mi dau să mănânc și îmi oferă un acoperiș."* Încercam să nu dramatizez situația, dar ei au intuit că scenele care se desfășoară sub ochii mei sunt adevărate suplicii, pe care n-ar fi trebuit să le văd.

M-au ajutat să plec de acolo, mi-au dus hainele și tot ce-aveam acasă la Nicu, căruia noi îi spuneam Pompy. Nicu și cu Teo erau veri buni. Am stat alternativ, o perioadă, când la unul, când la celălalt. Mama lui Nicu mi-era ca o mamă, avea grijă de mine și mă consola de câte ori aveam nevoie și cădeam în stările mele anxioase.

Când consideram că am stat prea mult pe capul lor, plecam la Teo. Mi-era jenă că sunt atât de neajutorat și aș fi dat orice să-i pot răsplăti pentru felul în care m-au sprijinit în clipele cele mai grele. Mi se părea că incomodez, că sunt în plus și voiam să mă fac util. Îmi doream să-i ajut cu ceva, dar m-au asigurat că nu trebuie să fac nimic și că totul e în numele prieteniei noastre. Erau

Prietenul meu, Pompy, un colac de salvare.

siguri că același lucru aș fi făcut și eu pentru ei, dacă soarta le-ar fi fost potrivnică, așa cum mi-a fost mie.

Între timp, frate-meu, care stătuse la prietenul lui, Octav, venise și el să stea la Teo. Când plecau părinții lui Teo la serviciu și Teo pleca la facultate, noi simțeam că nu e bine să rămânem în casa lor și mergeam pe străzi până seara târziu, când se întorceau ei de la serviciu. Umblam aiurea prin parcuri, magazine, pe la prieteni, prin curtea școlii, pe lac... numai să treacă timpul.

Ne mai copleșeau amintirile uneori și invocam vremurile bune, când eram o familie unită și aveam casa noastră. Dar toate astea erau amintiri și în prezent era necesar să găsim un loc unde să fim toți trei și unde să nu mai deranjăm alți oameni. Îi apreciam pentru bunătatea și ospitalitatea lor, dar știam că șederea noastră nu se putea prelungi la nesfârșit.

Mâncam cu reținere, dormeam cu teama de-a nu deranja și ceream cât mai puțin, ca să nu fim o povară. Până la urmă, eram niște copii nevinovați, victime colaterale ale greșelilor părinților noștri. Poate că de-aia părinții prietenilor noștri și-au arătat toată mila și considerația pentru noi.

Într-o dimineață, după ce au plecat părinții lui Teo și ne aflam iar în impasul de a nu mai ști încotro s-o apucăm, am zis să scuip în palmă, să tai saliva și încotro sare, într-acolo ne ducem. Tatăl lui Teo a observat scena de la distanță și seara, când ne-am adunat, ne-a spus că ne-a văzut cum procedăm și i-a fost milă de noi. Îl marcase scena scuipatului în palmă. Era o glumă, în fond, dar avea tragismul ei, iar el a înțeles neliniștea noastră și dorința de a nu deranja.

Ne așezam cu toții la masă, fiecare spunea cum i-a fost ziua și îmi venea să mor de plâns la gândul că nu demult, o astfel de viață avusesem și noi. Nimeni nu știe cât de importantă e familia unită până n-o pierde! Când fiecare s-a dus pe drumul lui și familia s-a destrămat, totul e pierdut.

Mi-era tare dor de noi toți, laolaltă! Încă auzeam petrecerile din sufragerie, care se prelungeau până-n zori, vedeam ca prin vis trăsăturile fine ale mamei și adormeam cu gândul la tata, care tocmai plecase fără să se uite în urmă. Încercam să-i înțeleg fuga, abdicarea, și îi găseam diferite motive scuzabile. Știam că decizia lui a fost radicală, dar nu lipsită de înțelepciune. La ce ar fi ajutat să fi stat și el prin ușile străinilor, cum stăteam noi? N-a avut cu ce să ne ajute și știa că ne vom descurca. Ne dăduse educație în acest sens. A știut mereu că vom găsi portița care ne va duce pe drumul cel bun.

SFÂRȘITUL ÎNSEAMNĂ UN NOU ÎNCEPUT

Teo, omul care mi-a oferit un loc de dormit atunci când nu aveam.

Fratele meu nu era de aceeași părere. Pentru el, plecarea lui a fost, pur și simplu, un abandon și era impardonabilă. Poate că avea dreptate. Era felul lui de a-l califica pe tata drept trădător, dar pentru mine, tata nu putea fi Iuda, ci mai curând, indiferent de ce-a făcut, rămânea apostolul Pavel sau arhanghelul Gabriel sau orice alt personaj biblic, dar pozitiv.

Cred că dintr-o iubire nelimitată, fratele meu nu-l ierta pe tata și nu-i acorda circumstanțe atenuante. L-ar fi vrut alături, așa cum și eu îl voiam și iubirea lui imensă o transformase acum într-un neostoit sentiment de ură. Se simțea, probabil, bine în postura aceasta de judecător al faptelor tatălui nostru și credea că îi conferă o oarecare maturitate.

Evitam, însă, să deschid subiectul, ca să nu scormonesc în răni sângerânde.

Durerea noastră era aceeași, dar judecata diferită.

Să reiau lanțul umilințelor

Dacă aș fi avut posibilitatea să-mi aleg un drum în funcție de pasiune, mi-ar fi plăcut să fiu jurnalist. Cu siguranță m-aș fi dus la facultatea de jurnalism. Mi-ar fi plăcut anchetele, interviurile, mi-ar fi fost drag să vorbesc cu oamenii, să-i întreb, să aflu și să dau știri paginilor de ziare. Îmi închipuiam că demasc hoția, corupția, rețelele de stupefiante și mă gândeam că e o formă de a face bine omenirii. Era singura ocupație care te ținea departe de monotonie. Mereu te ține în priză și niciodată, ca jurnalist, nu te plângi că n-ai de lucru. Evenimente de toate felurile se întâmplă zilnic.

Informația mi se părea prețioasă și ca s-o deții, trebuia să ai „nas de copoi", să alergi după ea. Semăna, în viziunea mea, cu munca polițistului; poate de aceea îmi doream atât de mult. N-aș fi ales să lucrez în redacție. Nu e genul meu să stau locului într-un birou. Eu trebuie să umblu, să cunosc oameni, să socializez, să-mi satisfac curiozități... mai ales că-mi plac provocările.

Îmi plăceau interviurile în care reporterii transmiteau de la locul faptei sau din mijlocul evenimentelor. Nu aveam un idol anume. Îi admiram pe toți pentru sacrificiul și dăruirea lor. Jurnalistul (de cel profesionist spun) trebuie să-și asume responsabilitatea celor transmise, pentru că, prin materialele furnizate, el influențează mase întregi de oameni. Apoi trebuie să fie rezistent la critici și combatanți. Nu cred că eu aș fi fost un jurnalist agreat şi nici nu mi-aş fi dorit să fiu plăcut de toată lumea, pentru că adevărul doare şi deranjează. Aş fi preferat să fiu controversat. Numai atunci aş fi ştiut că munca mea înseamnă ceva.

Vise. Vise şi visuri. Eu nu eram în poziţia unui tânăr care se putea uita în direcţia facultăţii. Aveam de întreţinut o mamă şi pe mine însumi. Trebuia să învăţ repede o meserie şi să mă angajez. N-aveam timp de fineţuri şi idealuri!

În aceeaşi situaţie era şi fratele meu. El, as la matematică, omul cifrelor, se visa economist. A fost nevoit să se angajeze la McDonald`s, singurii care l-au acceptat în urma unui simplu interviu, fără să ceară experienţă, iar vârsta n-a fost un impediment, aşa cum se întâmpla la alte firme, pentru care vârsta conta.

Prin vecinul meu, caricaturistul Postolache, am ajuns la patronul unui restaurant-pizzerie care se numea „Cuptorul cu lemne" şi avea locaţia în Brăneşti, comună situată la aproximativ 15 km de Bucureşti.

Am discutat cu patronul şi i-am spus că mi-aş dori tare mult să fiu barman. I-am spus că nu m-aş vedea să lucrez altundeva decât după bar, preparând băuturi, cocteiluri şi cafele. N-a refuzat, chiar avea nevoie de un barman, dar a spus că nu mă plăteşte şi că, până va deschide în Bucureşti, în bulevardul Pache Protopopescu, unde voi fi barman bazat pe postul meu, nu poate decât să-mi „permită" să lucrez fără să fiu plătit. La gândul că voi lucra peste şase luni în ditamai Pizzeria de lângă sediul Pro TV-ului, mi-am înghiţit cuvintele şi am acceptat să fiu neplătit. Aş fi vrut să-mi fi dat nişte bănuţi, dar dacă aşa a decis... n-am suflat o vorbă.

Dimineața, la ora 5, trebuia să fiu la restaurant. Așa că, eu luam microbuzul în fiecare dimineață, din Pantelimon, la 4:20. Și mai ajungeam acasă la Teo, unde locuiam atunci, pe la 23:00. Timp de șase luni, ca un robot, de la 5:00 la 22:00, munceam ca apucatul. Nu era vorba despre a fi doar barman. Făceam curățenie, căram gunoiul, ajutam și ceilalți colegi... iar la un moment dat, patronul a spus că dacă vreau să lucrez la noua locație din București, trebuie să vin la curățenie și acolo.

Într-o parte curățam varul și ajutam la montarea mobilierului, iar în cealaltă munceam ca barman și om bun la toate, contra sumei de zero lei. O dată nu mi-a dat patronul măcar un ban de buzunar, în semn de mulțumire pentru câte făceam. Eram un tânăr de 18 ani, trist și firav și, în timp ce alții încă jucau fotbal la bloc, eu aveam responsabilități de adult.

Am avut, la un moment dat, un feeling că patronul nu e tocmai un tip serios și nu reușisem niciodată să mă lipesc de el, așa că am trimis un *Curriculum Vitae* la Pizza Hut, sperând că voi avea sorți de izbândă. Și am avut norocul să fiu selectat. Dar cum dorința mea de a fi barman la „Cuptorul cu lemne" din Pache Protopopescu era mult mai mare, am refuzat. Neinspirată decizie!

După ce mi-a promis că mă angajează pe post de barman, iar eu am prestat luni de zile gratuit, patronul m-a anunțat că tot ce-mi poate oferi e un post de ospătar. Cică între timp venise un barman și urma să îl angajeze pe ăla.

Vecinul Postolache, prietenul care garantase pentru mine, murise. Nu avea cine să-i arate patronului obrazul. Uitase de promisiune încă din clipa în care o făcuse.

SFÂRȘITUL ÎNSEAMNĂ UN NOU ÎNCEPUT

Eram pentru el o cantitate neglijabilă. Dacă la barul lui eram eu sau altul, nu-l interesa. Probabil că băiatul căruia i se promisese postul era mai îndrăzneț, mai lipicios. Nu i-ar fi păsat nici de necazurile mele, chiar dacă i le-aș fi spus. Era un om rece, ca toți chivernisiții, în goană după bani. Omul nu însemna pentru el mare lucru. Vedea în fața ochilor bani, afaceri și dădea ordine ca un satrap.

Faptul că nu m-a plătit cu niciun leu, în toate cele șase luni, le-a justificat prin „*Te-am învățat o meserie!*". Nu știu când mă învățase, că eu nu l-am văzut niciodată după bar, decât la număratul banilor.

I-am urat „Succes" și „Afaceri prospere", apoi am plecat cu ochii înlăcrimați. Nici ură nu aveam în suflet. Doar un ocean de dezgust pentru răutatea celor din jur. Și mi-era milă de mine.

Altă umilință...

Ce-o mai face tata?

Nicio nevoie din copilărie nu este atât de mare ca aceea de a fi protejat de tată.
S. Freud

Mă simțeam lipsit de noroc și nu știam pe cine să dau vina. Teo, prietenul meu, spunea că nu trebuie să caut vinovați: *„Așa-i soarta omului, Adiță! La unii norocul dă pe dinafară, la alții fuge ca speriat de ciumă!".* E drept că și eu gândeam numai negativ și parcă atrăgeam ghinionul, gândindu-mă: *„Să vezi că nu reușesc nici de data asta. Nu-s făcut să-mi meargă treburile strună!".* Dacă există o lege a atracției universale, atunci vinovatul eșecurilor mele eram eu, pentru că le atrăgeam involuntar. Însă cum puteam gândi în termeni pozitivi dacă în câțiva ani mi s-au întâmplat numai nenorociri și tot ce încercam să fac, oricât suflet aș fi pus, era un fiasco?!

Mi-era dor de un sfat înțelept, de o minte chibzuită care să-mi spună unde greșesc, să mă certe, să-mi facă observații... orice, numai să mă îndrepte pe drumul cel bun. Tata putea fi în măsură să mă scuture sau să mă liniștească.

Aflasem că a plecat de la bunici și că își găsise o iubită cu care locuia undeva, prin Plumbuita. Nu știam cine e și nici nu voiam să aflu prea multe. Oricine ar fi fost, în ochii mei, era o intrusă. Dar n-am avut nici cel mai infim gând să-l blamez pe tata pentru alegerea făcută. Oricine ar fi plecat, dacă era în locul lui. O soție care bea până nu mai știa de ea, lipsa unui acoperiș deasupra capului, doi copii aflați în perioada critică a vieții... iar el, atunci, nu avea nicio rezolvare pentru niciuna dintre dramele care se succedau în lanț.

Așa că am bătut în poarta femeii la care locuia, ca să-mi văd tatăl, să-i spun că eu nu sunt supărat pe el și că-l iubesc la fel de mult. A ieșit în cadrul ușii o tipă tuciurie care s-a recomandat „Mihaela". Avea pe lângă ea două fete, la fel de „colorate" ca ea, dar frumușele și curioase. M-am prezentat, am spus cine sunt și mi-am cerut dreptul la vizită. Ea nu s-a împotrivit nicio clipă, ba chiar s-a arătat ospitalieră și m-a invitat în casă.

O locuință modestă, care mirosea a fum de sobă, a lemne arse, a ceapă prăjită. Dar era curat și toate erau frumos aranjate. Mihaela mi-a întins un platou cu fursecuri cumpărate din magazin și un pahar cu suc de portocale. Mi-era foame, dar am refuzat politicos. Nu aveam de gând să stabilesc o legătură de prietenie prea strânsă cu femeia asta. O comparam cu mama, în vremurile ei bune, și mi se părea ca diferența dintre o căruță și un Ferrari. Dar era femeia care avea grijă de tatăl meu și asta era important.

Tata arăta nepotrivit în cadrul ăla auster. Un bărbat atât de frumos și educat, care n-a umblat niciodată prin femei, n-a avut vicii, care era atât de priceput și inventiv, să-l aducă destinul în casa asta, în camera întunecată cu miros înțepător, în care l-am găsit?! Era inacceptabil pentru mine și cred că nici el nu se simțea tocmai confortabil, dar era nevoit să-i fie îngăduit să locuiască undeva.

N-am putut avea o conversație intimă cu tata. Mihaela nu se dezlipea de noi și nici eu n-am cerut să fim lăsați singuri. Ar fi fost ciudat din partea mea să emit pretenții în casa ei. Am plecat, însă, mulțumit că tata e bine, că nu are lipsuri majore și că e, în sfârșit, liniștit.

Ulterior, ducându-mă pe acolo, m-am împrietenit cu Mihaela și fiicele ei. Când am cunoscut-o mai bine, nu mi-a plăcut deloc: era conflictuală, curioasă, se arăta implicată în viața mea, dădea sfaturi gratuite și credea că universul se învârte în jurul ei, pentru că le știe pe toate. În realitate era sfertodoctă, cu ceva experiență de viață din care nu învățase mare lucru. Avea meritul că nu bea și că muncea ca un catâr la magazinul de haine pe care îl deținea, undeva pe la Dragonul Roșu.

Părerea mea era mai puțin importantă. De aceea nu mi-am exprimat-o niciodată în fața tatălui meu. Țineam cu dinții de relația cu el, n-aș fi vrut s-o curm din cauza unor observații infime. Se despărțise de mama și nu aveam niciun drept să intervin cu păreri, de orice fel. Era destul de abătut și dezarmat. Nu avea nevoie de vorbe grele și nici de etichete puse celor din jurul lui. Mă susținea și mă sfătuia, așa cum o făcea în copilărie. Aveam nevoie de încurajările și sfaturile lui.

Mi-era aproape și, în toată singurătatea în care mă aflam, el era oaza mea de liniște.

Fără o țintă anume

Poate că am fost prea ambițios refuzând oferta patronului de la „Cuptorul cu lemne" de a fi ospătar. Dar nu-mi spunea nimic și nu mă atrăgea deloc această meserie. Sunt croit într-un fel destul de ciudat: dacă ceva nu-mi place, mi-e cu neputință să fac! Iar ospătăria era una dintre ele. Nu aveam dexteritatea ducerii tăvilor, paharelor, tacâmurilor și aiureala din sală mă bulversa. Am bătut în toate ușile pentru un serviciu. Aveam nevoie de bani și mă obișnuisem să fiu activ. Din instinct mă trezeam cu noaptea în cap și umblam ca apucatul, dorind să mă fac util și să mă întrețin.

Aveam momente când eram ceva mai optimist, când mai credeam în șansele mele. Dar deseori eram deprimat, izolat în gândurile mele, hăituit de viață. Eram conștient că nu am potop de calități și că, pentru mine, locurile bune sunt limitate. Îmi asumam mereu eșecul și eram atât de deprins cu insuccesul încât, dacă mi s-ar fi ivit ceva facil, aș fi făcut ochii mari de uimire, nepărându-mi firesc.

Nu era o tendință de victimizare și nici nu ceream consolare sau milă de la cineva. Era doar starea care deja îmi devenise familiară. Era greu să intri în viață, societate, serviciu, de unul singur. Iar când ești flămând, nedormit, îngândurat, umilit... nu inspiri nimănui încredere.

Erau zile când aveam norocul să mă angajez la negru, la câte-un depozit, pentru încărcat hârtie, maculatură, cărți. Nu-și închipuie nimeni cât de nenorocită-i hârtia și cât de adânc taie! Aveam mâinile brăzdate de parcă mă autoflagelam. Arătau ca niște fleici în sânge. Seara le oblojeam cu iod și a doua zi nu puteam să închid pumnul. Mă usturau de parcă fusesem crucificat. Când credeam că TIR-ul e gata încărcat, venea cineva și le presa, le reașeza. Trebuia să muncesc încă pe atât.

Spuneam tuturor prietenilor că îmi caut un serviciu și dacă află vreunul ceva, să mă contacteze. Eu mergeam peste tot și unde vedeam un afiș destinat angajării, sunam sau intram să întreb dacă sunt ceea ce caută ei. Din păcate, nu mă potriveam nicăieri, din diverse motive: vârsta prea mică, pregătirea, lipsa experienței, imposibilitatea de a depune garanție financiară... orice, numai un răspuns pozitiv nu.

Mă chinuiam să înțeleg de ce trebuie să ai studii superioare pentru niște amărâte de slujbe, de ce trebuie să lași o garanție la angajare, de ce nu e îndeajuns de bun un tânăr absolvent de liceu care are nevoie acută de o muncă și își dorește să se facă folositor?!

Așa era societatea atunci. Întrebările mele rămâneau retorice. România era un amalgam corupt, în care reușeai să te lipești de ceva doar prin recomandări, șpagă sau schimb de slujbe. Cel onest, lipsit de cunoștințe suspuse, avea șanse minime sau deloc.

La biserica mea dragă, la „Doamna Ghica", mai speram să-mi găsesc liniștea și de-acolo așteptam un răspuns la rugăciunile mele. Din nou mă vedea părintele îngenuncheat. Mă mângâia pe cap şi îmi spunea. *„Unde-s necazuri, acolo e mântuire"*, iar mie-mi venea să-i răspund: *„Ah, părinte, după câte trag eu, cred că-s deja sfânt, fără ştirea mea!".*

Apoi îmi spunea să nu-mi pierd speranţele. Care speranţe?!

Mi se năruiseră toate, ca-ntr-un joc de domino.

Mioara, mama răniților

În zilele când ai mei lucrau, iar eu cu frate-meu nu mergeam la grădiniță sau școală, ne lăsau la Mioara, dacă bunicii lucrau sau erau ocupați. Era o prietenă de familie care ne era dragă și ne trata ca pe proprii copii. La ea acasă era raiul nostru, unde ne puteam bate cu perne, cu apă și locul unde ni se îndeplineau dorințele legate de dulciuri. Voiam clătite, chec sau gogoși? Mioara executa pe loc, ca un soldățel aflat la ordinele noastre. O necăjeam, dar ea nu ținea cont de deranjul pe care i-l provocam și lua bazaconiile noastre drept normalități ale copilăriei. Făcea lecțiile cu mine și îmi explica frumos, pe înțelesul meu. Avea un fel domol de a vorbi și mă captau poveștile ei.

Era olteancă din Strehaia și avea un chip frumos, cu trăsături interesante. Fusese cândva căsătorită, dar nu știu exact cine a fost Don Juan-ul care a părăsit-o și care i-a lăsat atâta tristețe și decepție în suflet, încât niciodată nu s-a mai lipit de nimeni. N-a avut copii. Poate de aceea era atât de atașată de noi. Avea de dăruit o doză imensă de iubire și un suflet pe care niciodată nu l-am putut asemăna cu al altcuiva.

Nu a avut parte de o viață personală, pentru că în noianul bunătății ei, mereu și-a asumat grija pentru câte cineva. N-a trăit niciodată pentru sine.

Nu-i rămăsese decât un frate care plecase în America, încă din vremea comunismului și, după spusele ei, n-o ducea prea bine. Nu reușise să se integreze în societatea americană și nu reușise nici să aibă o locuință proprie sau închiriată. Își ducea traiul într-o rulotă și se plângea de propriul eșec ca și cum era vina cuiva.

Mioara a fost alături familiei mele și în vremurile falimentului și în cel al vânzării apartamentului și a fost martoră la degradarea relațiilor dintre ai mei. Suferea odată cu noi și spunea „*Dacă aș fi avut bani, pe toți vi-i dădeam, numai să vă scot din necazuri*".

După plecarea mamei din strada Gherghiței, Mioara s-a înduioșat de mama și a luat-o la ea. O consola pentru toate pierderile suferite și încerca s-o îndepărteze de alcool. Era o tipă rațională, dreaptă, care dacă nu reușise în viața proprie, făcea câte-un pustiu de bine celorlalți.

Cât am stat în celelalte case, separat de mama, veneam zilnic s-o văd. Mi-era sufletul liniștit. Știam că Mioara are grijă de ea și aveam nevoie să știu că mama e la adăpost. Mi-era jenă s-o întreb pe Mioara dacă pot sta și eu la ea, lângă mama, s-o am sub observație, dar nu voiam să abuzez de bunătatea și altruismul ei. Deja făcuse multe pentru noi.

Însă ea, ca și cum ar fi intuit gândurile mele, a spus să-mi aduc lucrurile, să vin să stau cu ele, că n-are rost să fim atât de dezbinați și împrăștiați. Draga de ea! Se gândea mai mult la noi decât la ea însăși. Ne-a lăsat să-i invadăm casa, viața, intimitatea. O făcea cu toată inima și ne-a pus la dispoziție tot ce avea, ca să nu simțim lipsuri.

Mie îmi dădea bani de țigări, de cafea și pariuri. Jucam sume infime, în speranța c-o să câștig bani mulți. Ea îmi alimenta iluziile: *"Ia de aici niște bani și pariază! Poate te-alegi cu ceva."* Nu câștigam niciodată, dar trăgeam speranță, mă mai desprindeam de realitatea neagră și dură în care trăiam.

Stăteam cu Mioara la vorbă până seara târziu și dimineața o luam de la capăt. Îmi plăceau povestirile ei picante, mi-era drag că mă sfătuia ca pe propriul copil și era singurul om care mă iubea. Mă strângea la piept și îmi trecea mâinile prin păr, iar mie îmi dădeau lacrimile. De mult nu mai avusesem parte de căldură maternă, de încurajări și îmbrățișări.

Cu certitudine pot spune că Dumnezeu m-a iubit trimițându-mi-o în cale pe Mioara. Ea era răspunsul rugăciunilor mele din biserica „Doamna Ghica". De la ea aveam liniște, suport, protecție, bani (puțini, dar buni), îmbrățișări, mângâieri. Când ești într-o perioadă proastă a vieții, toate acestea înseamnă mult. Sunt motivații de-a merge înainte, de a crede în oameni și-n Dumnezeu.

De la Mioara am aflat cum trebuie să mă port cu fetele, când exact s-o pup, să fac sex, cum să vorbesc, care-i standardul de femeie pe care să-l caut și care-s, în general, tiparele feminine. Știam și eu ce am de făcut, dar îmi plăcea că era pătimașă când mă sfătuia și o lăsam cu toată inima să-mi fie mamă. Ea avea nevoie de-un fiu, eu... de-un înger păzitor.

Aveam de la ea ce n-aveam de la mama și tata. Ea suplinea perfect rolul părinților mei, prea ocupați de viața lor cufundată în necaz, ca să mă educe pe mine și să genereze discuții despre iubire, sex și conviețuire.

Mă aprecia că nu sunt un tânăr vicios: nu consumam alcool, nu mergeam în cluburi, nu mă drogasem niciodată și nu îmi plăceau anturajele îndoielnice. Doar beam cafea și fumam ca un turc. Îmi plăcea Coca-Cola și nu vedeam de ce să beau apă, dacă s-a inventat ceva atât de răcoritor și delicios în lumea asta.

Beam, împreună cu Mioara, câte un ibric de cafea, fumam câte un pachet de țigări și tot nu ne săturam de vorbă. Mereu găsea subiecte atrăgătoare, le dezvolta, iar eu din fiecare trebuia să trag învățăminte.

Avea o cățelușă, Pizza. Un bichon flocos pe care îl scoteam de drag prin jurul blocului și parcă împrumutase trăsăturile Mioarei: avea ochi umezi și buni și adormea în brațele mele ca un tovarăș de suflet. Alteori se culca în patul meu și îi plăcea să mă privească fix în ochi. Mă examina atent, cu aceeași milă-n priviri ca și stăpâna.

Mioara molipsea cu bunătate tot ce-avea în jur.

O iubire aproape maternă

În unele zile îmi omoram timpul în sala de pariuri, prin Victoriei. Mioarei îi surâdea ideea de câştig şi îmi dădea mereu bani pentru biletele de joc. Cred că îşi dădea seama că îmi lipseau activităţile specifice adolescenţei. Eu mă manifestam ca un adult: în căutare de muncă, de bani, de o minimă stabilitate, trăind cu frica-n sân pentru ziua de mâine.

Aşa că cele câteva ore pe care le petreceam în sala de pariuri erau toată distracţia mea. Sala WettPunkt din Victoriei era foarte amplă. Era compusă din tot felul de săli: pariuri de câini, cai, fotbal şi alte sporturi, dar avea şi un vast restaurant.

Acolo pusesem ochii pe o tipă. Se uita şi ea spre mine şi se arăta plăcut surprinsă de câte ori intram pe uşa sălii de pariuri. Eram prea timid ca să intru în vorbă, aşa că am lăsat-o pe ea să facă primul pas. Eu, doar ce am netezit calea prin zâmbete şi fluturări din mână, a salut.

Într-o zi, după ce ne-am tot tachinat vizual, a venit lângă mine. Abătut, fumam o ţigară şi sorbeam dintr-o cafea. Eram dus pe gânduri şi mă lăsam purtat de melodia care se auzea din boxele sălii. Culmea, cântau cei de la Dire Straits, „Romeo and Juliet"!

Ea s-a apropiat şi, politicoasă, a cerut voie să se aşeze. Am încuviinţat fără cuvinte, doar din gesturi. Am stat așa preț de un minut-două și ne-am privit în ochi. Era frumoasă. Purta părul strâns într-o coadă de karatistă chinezoaică și asta îi alungea ochii, îi migdala. Am remarcat că are mâini frumoase, subțiri, ca de pianistă.

„*Lili*", a spus fără s-o întreb și fără să mă fi recomandat eu primul, așa cum cer bunele maniere. Dar eu mă pierdusem în ochii ei și, atunci, pe moment, nu mă interesau datele personale. Putea s-o cheme oricum. Era ea, acolo, lângă mine, se uita în ochii mei și asta era tot ce conta. „*Adrian*", am zis, într-un fel absent și pluteam pe un nor... departe de sala de jocuri...

Am așteptat-o, la miezul nopții, să iasă de la serviciu și am condus-o acasă. Am aflat că era cu șase ani mai mare decât mine. Pentru început, ei i s-a părut deplasat și nepotrivit să ne gândim la o relație, din cauza diferenței de vârstă, dar eu nu vedeam nimic greșit. Dimpotrivă, îmi surâdea faptul că era mai mare. Aveam nevoie ca în jurul meu să fie persoane mature, responsabile. O relație cu o tipă mai copilă decât mine m-ar fi obosit, m-ar fi obligat la protecție, educație și supraveghere. Așa că, preferam să fiu eu cel care primește. Nu aveam chef să ofer nimic. Eram secat de vlagă și deja obosit de viață.

Am avut dreptate în alegerea mea: am învățat de la ea o mulțime de lucruri noi, mi-a deschis ochii asupra filosofiei vieții, a sexului și-mi crease o dependență nebună. Începuse să mă iubească matern, să-mi dea bani de buzunar, să mă îngrijească și să mă certe atunci când greșeam. Ieșise din zona care mie-mi plăcea. Îmi plăcea amorul ei și mi-era dragă respirația ei în obscuritatea camerei, la Mioara, unde am fost de câteva ori împreună. Nu i se potrivea imaginea de mamă care îmi arăta degetul a atenționare și a pedeapsă. I-am reproșat de câteva ori că am o mamă și încă o mamă (pe Mioara), dar nu știu de ce stăruia să mă educe și să-mi traseze pașii în viață după concepțiile ei personale. Adică îmi subjugase libertatea și mă limita. În ziua când nu i-am mai permis să mă domine și mi-am arătat ceva mai acut talentele de bărbat atins în orgoliu, m-a anunțat că nu ne mai putem vedea și că relația noastră s-a sfârșit. Credeam că n-aud bine și am sperat că glumește. Am așteptat câteva zile să-și reconsidere ultimatumul și îmi doream, din tot sufletul, să-i vină gândul cel bun.

Umblam agitat, dintr-o parte în alta, căci îmi lipsea iubirea ei maternă și sufocantă. Îmi lipsea ea, toată. Nu puteam umple golul pe care îl lăsase. Am așteptat-o de câteva ori la serviciu, m-am uitat de la distanță la ea, dar niciodată nu m-am dus s-o abordez. Aveam un soi de mândrie peste care nu treceam. Și mai ales, dacă ea a pus punct, fără ca eu să fi greșit, de ce aș fi ieșit eu în calea ei, s-o implor să reînnodăm ce-a stricat?

Doar Mioara era martorul care îmi știa chinul și neajunsul. Eram neîmplinit și dezamăgit pe toate planurile, iar ei îi era milă de proaspătul abandon care căzuse asupra mea, ca bomboana pe colivă. A tot încercat cu sfaturile și glumele ei deocheate, să mă facă să uit, dar de data asta n-a avut succes. Lili îmi pârjolise sufletul și de câte ori o vedeam în restaurantul sălii de jocuri, mă topeam de dorul ei.

M-am decis să nu mai calc pe acolo. Prea îmi făceam rău și lungeam pelteaua, în loc să-mi văd de viață și să iau lucrurile așa cum erau. "Lumea-i plină de femei. Viața abia începe, Adriane, o să vezi cât de repede o s-o dai uitării, după ce îți iei gândul de la ea!", îmi spunea Mioara și o priveam neîncrezător, crezând c-o să mor cu Lili-n gând. "Soarele e tot pe cer, mâine-i tot duminică, Pământul se învârte tot în jurul axei sale, crede-mă! Cu Liliana sau fără, viața merge înainte! Totul depinde de tine!"

Of, Mioara mea dragă, tu găsești justificare pentru orice, numai să nu rămân afectat și dărâmat! Înclinam să-i dau dreptate, să-mi șterg cu buretele amintirile și sentimentele și să-mi trăiesc zilele fără Lili.

Era greu. Dar nu imposibil. Aproape că funcționau sfaturile "psihologului" Mioara.

Pizza Hut, primul loc de muncă serios

Știi... când spui Pizza Hut, din afară pare *wow!* Ca și client, e locul ideal pe care-l alegi. Blaturi de pizza la alegere, combinații pe care le poți solicita, sosuri nebun de iuți sau diabetic de dulci... Pizza Hut e fast-food-ul plin ochi de la deschidere până la ora închiderii.

M-au anunțat într-una din zile, când eu eram încă rănit din dragoste și, ca să-mi umplu golul lăsat de Lili, care-mi furase inima cu tot cu cheful de viață, am spus un „DA" răspicat, asemănător celui de la Starea Civilă, când te căsătorești din dragoste.

A doua zi m-am prezentat și n-am mai făcut nazuri că am fost plasat ca ospătar în ditamai sala, cu puzderie

Primul job stabil.

SFÂRȘITUL ÎNSEAMNĂ UN NOU ÎNCEPUT

de clienți. Am avut o perioadă de training în care m-au instruit cu privire la relaționarea cu clienții, luarea comenzilor, legăturile cu barul și bucătăria, rezolvare de conflicte, în cazul în care se iveau... și tot felul de situații cărora urma să le fac față, odată ce mi le-au expus. Ospătăria, cum am mai spus, nu-mi era deloc pe plac. Se cerea îndemânare, rezistență și putere de muncă. În situația gravă în care mă aflam, n-am stat să analizez nimic. Am trecut direct la treabă și îmi propusesem să fac bani și să mă țin ocupat.

Alergam ca un cal de curse și când mă descălțam la vestiar, ieșeau aburi din șosetele mele. Le țineam locul și celor care aveau diverse treburi, lucram câte două schimburi și dădeam înainte ca robotul, cu gândul la obiectivele mele.

Eram cel mai tânăr dintre ospătari și nu mă descurcam deloc. Mereu pățeam câte ceva... toate mi se întâmplau numai mie. Eram ciuca glumelor celorlalți și domnul Viorel, un manager de tură, profita de asta, ca să-și arate el mușchii de șef și cât de idiot sunt eu. Până la urmă, cum aveam să scap de umilințe? Trebuia să fie prin preajmă unul care să-mi amintească cum e să fii făcut de râs în fața tuturor, ce naiba?!

Rămâneam ultimul, spălam podeaua cu mopul, duceam resturile alimentare, igienizam și curățam sala. Dar domnul Viorel tot nemulțumit era. Parcă mai era o urmă ici... una colo... și-ntr-o seară, după ce muncisem toată ziua la capacitate maximă, se uită în zare mister Viorel și zice: *„Bă, Niculescule, vezi că mai e o urmă, acolo! Șterge mai bine cu mopul!"* și le face semn celorlalți să fie atenți la satira lui răsuflată și la reacția mea. Eu spun că am spălat bine și că nu e nicio urmă. Atât i-a trebuit managerului de tură, cu apucături de sultan, monarh și maharajah: „*Îndrăznești să mă contrazici? Ai tu studiile mele? Ai trecut tu pe unde am trecut eu ca s-ajung aici? Mucosule!*". Prostul o luase în serios și cu toate diplomele lui de facultate și manageriat de Pizza Hut și-a găsit de-atunci o ocupație în plus, față de cele câte avea deja: să vadă cât umilință pot duce. Nici nu-l mai băgam în seamă. Nu merita efortul. Dar în gândul meu am zis că atunci când voi pleca din locul ăla, tot o să mă răzbun într-un fel, pentru toate câte mi-a făcut.

Toți colegii îmi cunoșteau situația grea și toți empatizau cu mine. De aceea mă chemau să-i înlocuiesc, știind că primesc mai mulți bani și mai multă șpagă la sfârșitul zilei. Eram muncitor, ascultător și alergam ca un cal de curse, numai că nu mă deprinsesem să gestionez ordinea comenzilor. Mă exasperau cu „*mai mult sos*", „*mai cald*", „*mai multă ceapă*", „*fără verdeață*" și o mulțime de alte cerințe pe lângă comenzile propriu-zise. Să lucrezi două ture, să fii numai pe fugă, atent la comenzi și cerințe speciale, să treci peste miștourile clienților obraznici, să eviți umilințele managerului, doar pentru că nu dorești să-ți strice ziua, era o povară pe care o duceam de dragul banilor pe care îi voiam în număr cât mai mare, atât cât să mă scoată din sărăcie, pe mine, pe mama și pe Mioara.

Am lucrat 19 luni la „cazarma militară" numită Pizza Hut din Piața Romană, căci acolo era într-adevăr o viață cazonă. Totul a fost curată militărie și nu aveam timp nici să respir. Mâncam din picioare, pe fugă, cu sufletul în gât și uitasem cu desăvârșire cum e să fii relaxat. Încordarea făcea parte din rutina zilnică.

Măcar, de data asta, era pe bani.

Și erau bani buni.

Haide, mamă, zi „Adio" alcoolului!

Eram nemulțumit de viața mea, care se scurgea zilnic după același tipar: muncă și iar muncă. Mama era din ce în ce mai decăzută și găseam mereu prin șifonier, prin buzunarele hainelor, bidonașele dreptunghiulare de vodcă. Se făcea că nu știe de ele. Mă enerva că le ascunde și că mă crede atât de prost încât să nu le știu proveniența.

Începuse să aibă halucinații, vorbea în dodii și se chircea de frica nu știu cui, a unui inamic văzut doar de ea. Vorbirea ei consta într-o salată de cuvinte indescifrabilă. Mi-era atât de milă încât aș fi dat orice să pot schimba conjunctura nenorocită în care se băgase puțin câte puțin.

Mă speriam și vorbeam cu Mioara despre asta. Ea începuse să o blameze că n-are niciun pic de ambiție și că e o egoistă care nu se gândește decât la propriul suflet. Avea perfectă dreptate, dar blamarea nu îi era utilă mamei.

Într-un weekend, când eram plecat undeva în afara orașului, m-a sunat Mioara, disperată, și mi-a spus să vin acasă imediat, că nu știe cum să procedeze cu mama, că delira și se purta haotic. Când am ajuns acasă, am văzut că stările ei se acutizaseră și avea niște manifestări psihotice de mă băgau în sperieți. Nu înțelegeam nimic din ce vorbea și începuse să nu mai mănânce aproape nimic. Bea foarte puțin, însă la nivelul de alcoolism în care se afla, nu-i trebuiau decât cantități infime de alcool ca să se îmbete pulbere.

Am sunat apoi la mama prietenului meu, Nicu și am rugat-o să vină să o vadă pe mama, să-și dea o părere. Ea, asistentă medicală cu state vechi, s-a uitat la ea, a consultat-o și a spus că o poate pune pe picioare, numai că trebuia să-i facă o dată la câteva zile niște injecții. A spus să-i luăm alcoolul din cale, s-o ferim de șocuri emoționale și să-i oferim iubire și suport. Credeam că e doar o vorbă menită să ne încurajeze pe noi, n-am crezut că datorită unor injecții și sprijin moral, mama își va reveni din alcoolism.

A mai spus să nu ne speriem de perioada de tranziție dintre alcoolism și repaos, ne-a explicat faza urâtă a sevrajului și să așteptăm să vedem schimbarea. N-a putut aprecia cât va dura până ce mama va fi din nou funcțională, dar a promis că se va implica atât cât va putea ea de mult.

Mă agățam de speranța că mama va fi bine din nou. Aveam încredere într-o asistentă care știa ce spune și care mai văzuse și alte cazuri asemănătoare. Ca să-mi consolidez încrederea, în clipele libere dintre muncă și somn fugeam la biserică să cer Domnului să nu mă lase nici de data asta. Eram prezent la datorie! Îmi făceam setul de rugăciuni, ceream ce-mi trebuia, sărutam icoanele și îmi vedeam de drum. Dacă voia părintele să stăm de vorbă, era bine. Dacă nu, era la fel de bine. Eram obișnuit să țin vorbele pentru mine. Dospeam secrete și dureri de atâta timp! Nici nu-mi era prea ușor să vorbesc despre mama și băutele ei. Nu văzusem prea multe femei care să facă din băutură un mod de viață. Mi se părea și mie deplasat, însă știam prin ce zile grele trecuse mama în ultima perioadă și că nociva băutură o îndepărta totuși de realitate, făcând-o mai dulce și mai suportabilă. Cine eram eu s-o judec? Eu o voiam întreagă și atât. Nu voiam s-o pierd și de aceea apelam la orice formă de ajutor – pământean sau nu.

Știu, pare un basm de-al lui Ispirescu, cu zâne, feți-frumoși, balauri și zmei, când binele învinge răul! Ce-mi pasă mie cu ce seamănă?! Nu vreau să vorbesc despre minune ca fenomen paranormal sau metafizic, ci ca fapt real: în decursul următoarelor trei săptămâni sau poate o lună, mama bea cafeaua cu mine în bucătărie și îmi spune: *„Adiță, mamă, la tine la pizzerie n-au nevoie de o femeie de serviciu? Nu mai pot sta în casă! Trebuie să fac ceva!"*

Mama mea se despărțise complet de băutură, injecțiile pe care le făcuse o ajutaseră să-și revină și arăta cum demult n-o mai văzusem. Eu și Mioara săream până-n tavan de fericire și ne îmbrățișam ca nebunii, iar din ochi ne curgeau lacrimi.

Plângeam ca proștii! Dar era meritul nostru că nu ne-am lăsat, n-am abandonat ideea de ajutor și intervenție. Ne venea să strigăm în gura mare că suntem, cu toții, învingători.

Am vorbit cu managerul general și am reușit s-o aduc pe mama acolo unde lucram eu. Era femeie de serviciu și se mândrea cu asta. Sincer să fiu, altădată aș fi murit de rușine să-mi văd mama cu mopul în mână și cu batic în cap, într-un restaurant. Acum, când își revenise la viață, puțin îmi păsa ce muncește: important era că revenise printre noi. Era plăcută și respectată de toți colegii mei. Sârguincioasă, își făcea munca mai mult decât era cerința și o apuca deseori excesul de zel; în urma ei era totul curat și ireproșabil igienizat.

La pauza de masă o vedeam dusă pe gânduri. Cred că se gândea din ce iad tocmai ieșise, se gândea la tata, la noi, la ce viață am avut și unde am ajuns! Ca o cascadă au fost toate, într-un timp mult prea scurt, cu toții treceam prin flăcările Gheenei. N-am întrebat-o niciodată unde-i sunt gândurile. Le consideram parte a intimității ei. Ne-a fost greu. Și ne era încă.

Totuși... apăruse soarele pe linia îndepărtată a orizontului nostru.

Niciun om bun
nu scapă nepedepsit!

Eu și mama eram plecați mai toată ziua la slujbele noastre. Ne trezeam cu noaptea în cap, să ne bem cafelele împreună cu Mioara. Ieșea fum din țigările noastre ca din furnal și beam cafeaua fierbinte. Nimeni nu lua micul-dejun. Eram niște împătimiți cronici ai țigării și cafelei. Vorbeam toți odată, râdeam, făceam larmă și ne bucuram din nimicuri.

Acum nu ne mai numărăm mărunțișul și nici nu ne mai apăsau atât de tare neajunsurile. Trăiam bine din salariile noastre, iar șpăgile mele și orele peste program însemnau bani mulți. Mereu îi cumpăram Mioarei câte ceva. O surprindeam cu tot felul de cadouri, cu sacoșe de alimente sau haine. Era vremea să-mi arăt și eu recunoștința pentru toată implicarea și dăruirea de care dădea dovadă, luându-ne la ea și suportându-ne toate amărăciunile. Le-a trăit odată cu noi, de parcă erau și ale ei.

A început la un moment dat să se plângă de dureri de burtă. La început invoca crize de fiere sau stomac. Fugeam noaptea la farmacie să-i cumpăr antispastice, antivomitive și ceream tot felul de vitamine, crezând că astea-i lipsesc. O certam prietenește că fumează mult și că mănâncă dezordonat, iar ea îmi promitea că *"De luni, gata, duc viață sănătoasă și mă las de cafea! De țigară nu cred că pot!"*

La început crizele se manifestau în timpul zilei și erau răzlețe, ca mai apoi să facă nopți albe. Și eu și mama o rugam să meargă la medic, să afle exact ce diagnostic are, ca să știm cum să tratăm boala. Cumpărasem deja din farmacii toate sedativele și vitaminele, iar ea le lua cu pumnul, însă în van...

Într-o zi, când am venit de la schimbul de dimineață, Mioara avea chipul de nerecunoscut. Stătea în dreptul geamului, cu țigara în mână, uitându-se-n gol. Avea o paloare bizară a feței. Nu mi-a răspuns la „Salut!", nici nu cred că observase, de altfel, că intrasem în casă. Eram pus pe glume și voiam să fac o remarcă menită să-i smulgă un zâmbet, dar am împietrit și eu, în ușă. În câteva ore, fizic, se schimbase total.

— *Doamne, Mioara, ce-i cu tine?! Mă sperii. Ce-i cu privirea aia?".*

A tăcut preț de câteva secunde bune și cu voce stinsă, a spus:

— *Am cancer la colon. În fază terminală. Metastaze... tot tacâmu'. Adică mor curând, înțelegi?*

— *Nu! Cum să înțeleg?! De ce? Cum? Și... de ce tu?*

Eram năuc. Singurul om bun pe care-l întâlnisem, singura mână întinsă și singurul umăr care ne-a susținut în vremurile cele mai negre... avea să ne părăsească.

— *Cancerul n-alege! Vine, te chinuie, te trece prin Iad până-n ultima clipă a vieții și dă cu tine de pământ până îți iese sufletul.*

Ce explicații sinistre îmi dădea și în ce fel își descria viitoarele etape! Corpul meu muncit, sufletul meu înăcrit de viață, nu mai putea duce încă o veste ca aceasta. Parcă îmi dăduse c-un baros în moalele capului. Nu eram capabil de nicio reacție. După câteva minute, m-am căznit să mă duc spre ea, s-o iau în braţe. Mă chinuiam cumplit să nu plâng, să n-o întristez mai tare decât era deja. Dar tot mi-au curs lacrimi. Nu le puteam opri.

Cred c-am stat amândoi, unul în braţele celuilalt, o veşnicie, sau doar câteva minute, nici nu mai ştiu. Auzeam doar: *„Tu să ai grijă de tine şi de maică-ta!".* Îmi bătea inima ca unui iepure fugărit şi aş fi stat acolo, la adăpostul inimii ei, o grămadă de timp, dacă m-ar fi lăsat. Atât de protejat şi iubit mă simţeam! Mi-erau gândurile în mii de părţi: că n-apuc să fac pentru ea mare lucru, că o să-mi fie dor de ea... apoi gândeam în termeni optimişti, că e încă tânără şi că poate lupta cu boala. Ba mai mult: dacă medicii n-au diagnosticat-o corect şi are o boală tratabilă şi care nici pe departe nu-i letală?

De fapt, ţineam cu dinţii de viaţa Mioarei, femeia care mi-a fost mai mult decât mamă. Un înger cu braţele întinse spre mine! Cum o să reacţioneze mama când o să afle? Dar frate-meu? Mioara n-avea nici 50 de ani. Adineauri era veselă şi ne povestea cu accentul ei oltenesc, de Strehaia, bancuri şi poante. Cum putea muri în curând?

După ce am revenit la cele lumeşti, Mioara a devenit mai realistă, ocolind sentimentalismele şi a spus că îl va chema pe fratele ei din America, să se îngrijească de ea în restul zilelor rămase, apoi de înhumarea ei şi de vânzarea apartamentului. Mioara îşi regiza ultimele zile ale vieţii, cu o putere şi o seriozitate ieşite din comun.

Nu dădusem frâu trăirilor care mă încercau şi până venea mama de la serviciu şi va afla şi ea dureroasa veste, am zis să trag o fugă până-n Casa Domnului, unde alergam de obicei, în clipele cele mai grele.

Pe stradă n-aveam aer și mergeam aiurea, călcând prin pietre. Ba mă așezam pe borduri, ba mă ridicam și alergam... eram complet uluit și, brusc, m-au cuprins gheare de panică și deznădejde. Voiam să mă iau de gât cu cineva. Mergând pe mijlocul străzii, mă uitam spre cer, să-mi vadă Dumnezeu ochii și privirea pe care i-o adresez. Am întrebat de o sută de ori: *„De ce, Doamne?! De ce iei de lângă mine oamenii buni și mi-i lași numai pe cei care mă umilesc și îmi pun piedici?"*

Cui îi păsa de mine, de Mioara și de durerile ei? Nimeni nu avea un răspuns, dar eu tot voiam unul direct, franc. Și m-am dus direct la părintele bisericii „Doamna Ghica". Era în curte, pe bancă, printre trandafirii roșii de care avea personal grijă.

— *Părinte, îmi puteți spune de ce singurul om care mi-a întins o mână, mie și familiei mele, în clipele cele mai grele, în curând va muri?*

Preotul s-a uitat la mine nedumerit, dar n-a cerut amănunte. Era enervant de liniștit.

— *Ai venit la mine crezând că am eu un răspuns... uite, n-am! Trebuie doar să știi că nimic nu se întâmplă fără rost și oricât de mare e tragedia, toate au un sens, iar noi, ca simpli muritori, nu putem opri voia Domnului.*

Nu mă lămurise. Era un răspuns ambiguu, iar eu voiam unul obiectiv. Nu știu exact de ce căutam în disperare o explicație a bolii incurabile care îmi chinuia cel mai bun prieten și nici de ce, în curând, urma să moară.

L-am sunat pe Vali, frate-meu, să ne întâlnim. Voiam să-i spun lui cât de mult mă doare. Ne-am întâlnit la o cafenea, undeva prin cartier. Mioara nu însemna pentru el ce-a însemnat pentru mine și pentru mama. O știa de când era copil, o îndrăgea și o respecta, aprecia că ne-a adăpostit și că ne-a fost alături, mereu credincioasă. Îi părea rău că moartea o răpea la nici 50 de ani și că trăise mereu pentru alții, niciodată pentru sine. Dar a încheiat realist, crezând că mă liniștește: „*Ce să facem, frate? Toți ne ducem într-o bună zi.*" Nimic mai adevărat. Știam și eu că nu suntem nemuritori. Dar un sfârșit atât de apropiat al Mioarei, mie mi-era de neconceput. Și era cu atât mai dureros pentru ea, știind că mai avea de trăit doar câteva luni. Ce apăsător trebuie să fi fost pentru ea!

Când a venit și mama de la serviciu și a aflat crunta veste, era neputincioasă de a spune vreo vorbă. Și-a luat prietena în brațe și au plâns. Ne-am așezat toți trei la masa din sufragerie și, în locul chicotelilor de altădată, a cafelelor, a sucurilor și țigărilor, s-a așternut tăcerea și un maldăr de hârtii cu parafele medicilor.

Căutam s-o încurajăm și evitam să spunem „cancer", „dureri, „chinuri", „moarte" și mama se lansase în povestiri optimiste de tipul „*Știu eu pe cineva care s-a vindecat. Trăiește și azi*". Mama nu mințea. Printre cunoștințele noastre era cineva diagnosticat cu neoplasm, numai că nu într-o fază avansată și e adevărat că datorită unor operații și medicații din străinătate a scăpat de cancer. Dar pentru Mioara noastră dragă, era deja târziu. Trupul îi era plin de metastaze. Nu s-ar fi încumetat nimeni în lumea asta s-o opereze.

Au urmat zile și nopți de coșmar. O auzeam cum țipa de durere și niciun sedativ nu-și mai făcea efectul. Cățelușa voia să stea lângă ea, așa cum îi era obiceiul, dar Mioara n-o mai suporta. Nu mai suporta pe nimeni. Era doar ea și durerile ei. Își băga mâinile în păr și îl smulgea când spasmele se acutizau. Nu mai suporta nici minima discuție și se plângea ba de frig, ba de căldură. Eram obosiți de la serviciu și abia stăteam în picioare, însă stăteam cu rândul lângă ea. Mioara privea numai în gol, fără țintă și fiecare sunet pe care îl scotea din gâtul uscat, mă speria.

Din când în când întorcea capul spre mine. Mă fixa cu câte o privire confuză și glacială și mă trimitea la somn: *"Uită-te la tine ce obosit ești! Du-te să te culci!".* Biata de ea! Avea tot grija mea. Știa că muncesc mult. Nu plecam de lângă ea. Îmi făceam câte-un ibric plin ochi de cafea și acolo stăteam, s-o supraveghez, s-o aud, s-o văd și să-i dau medicația. Din când în când îi ștergeam tâmplele de sudoare, c-un prosopel mic și îi povesteam una-alta de pe la serviciu, sperând c-o sustrag din starea de chin a durerilor pe care le suporta din ce în ce mai greu.

Cu toată nenorocirea ei, Mioara era uneori optimistă. Nu știu dacă era un delir de percepție, dar vorbea despre ea în viitor, făcea planuri și punea la cale evenimente majore ca nunta mea, creșterea copiilor mei. Voia cu tot dinadinsul să fie alături de mine. Era dorința omului care n-a avut niciodată familie, copii și care a trăit fiecare zi a vieții dedicându-se altora. Își planifica viitorul în funcție de cum trăise. Eu intram în jocul ei și-o aprobam, ba chiar continuam poveștile și amândoi visam cu ochii deschiși.

Într-o zi a apărut fratele ei din America. Un tip respingător și barbar. N-avea nimic din fragilitatea și bunătatea Mioarei, de parcă nici nu erau frați. Pe mine și pe mama ne-a tratat ca pe niște cerșetori și a trecut la măsuri tăioase: pe Mioara a internat-o, iar pe noi ne-a scos în stradă. L-a rugat mama să ne dea voie să ne luăm lucrurile și abia l-a înduplecat. Ne-a tratat ca pe niște intruși, ne bănuia că vrem să obținem apartamentul Mioarei și degeaba îi explicam că suntem prieteni de-o viață și că pe mine, sora lui m-a educat și m-a crescut; românul, de 20 de ani americanizat, nu înțelegea nimic.

Ca să nu-i facem rău Mioarei și să nu provocăm vreun scandal nedorit, am plecat imediat într-o garsonieră cu chirie, unde ne-am îngrămădit toate lucrurile pe care le aveam. Și la serviciu și-n camera aia, stăteam ca pe ghimpi și eu și mama, cu gândul la Mioara. Nu știam ce se întâmplase cu ea, unde a internat-o, cum o tratează și unde o fi cățelușa Mioarei?!

Am sunat și am căutat prin câteva spitale și în cele din urmă am găsit-o la Spitalul de Urgențe. Era internată la secția de reanimare și o asistentă care avea grijă de ea ne-a spus că boala este în faza galopantă, dar că ea e încă lucidă și funcțională.

De fiecare dată când lucram în schimbul de dimineață, în drum spre casă, treceam pe la ea. Stăteam la povești câteva minute și când mă vedea, se lumina ca un neon. Îmi strângea mâinile și mă certa că-s slab, că mănânc numai pe fugă și că muncesc ca robotul, fără să mă gândesc și la mine. Ea, în situația de om care dădea în fiecare secundă piept cu durerea și moartea, avea căderea valorificării vieții! Știa acum, probabil, cât de prețioasă-i viața. Îmi plăcea că-mi amintește importanța clipelor, frumusețea vieții, prețuirea sănătății, dar eu aveam nevoie de bani și cum n-aveam niciun ajutor în lumea asta, nu-mi rămânea decât să muncesc fără încetare.

Ea nu se plângea de dureri, nu-mi spunea nimic despre boală și nici eu n-o întrebam, de teamă să nu-i creez vreun disconfort. Povesteam despre orice, mai puțin despre cancerul care-o măcinase și o transformase într-atât! Îmi dădea sfaturi în viteză, ca și cum nu apuca să-mi transmită tot. Aveam nevoie de tot ce-mi transmitea. Erau vorbe spuse din suflet, ca pentru propriul copil și oricât de acidă era câteodată, știam că o face dintr-o iubire asemănătoare cu cea maternă.

Nu voia să-i aduc nimic, nu-i plăcea să-mi cheltuiesc banii și spunea că nimic n-o mai impresionează, dar niciodată nu m-am dus fără un buchet de flori, pe care-l cumpăram de la colțul spitalului. Desfăceam buchetul și i-l puneam pe noptieră, într-un borcan, pe post de vază. Le așeza și le mirosea. Era singura legătură cu natura din camera aia sordidă, care mirosea a medicamente și a ciorbă de sfeclă.

Purta o cămașă de noapte care se desfăcea în spate, cu șnur, să le fie medicilor ușor să umble la locul operat. Eu îi cumpărasem o cămașă roz, cu floricele roșii și cu guler dantelat. N-a apucat s-o poarte. Stătea în sertar, în ambalajul original. Mioara spunea că abia așteaptă s-o poarte când va ajunge acasă. Îi era drag jocul de culori și materialul din bumbac moale.

Ținea la gât un lanț de argint și un medalion gravat cu chipul Maicii Domnului. Avea o poveste veche: îl cumpărase de la o mănăstire din Moldova și nu se despărțea niciodată de el. I-am zis că-mi place și că-l vreau eu. Îmi doream să-mi rămână ceva de la ea. A zis: *„Să i-l ceri lui frate-meu după ce mor! Spune-i că e dorința mea, să-l porți tu!".* Într-una din zile am avut niște presimțiri ciudate la serviciu. O visasem pe Mioara și toată ziua m-am gândit la ea. Voiam să se termine odată ziua de lucru, să fug la ea, la spital. Am luat taxiul ca s-ajung mai repede. Habar n-am de ce mă învăluise un sentiment de teamă că n-o mai găsesc în viață.

Ce idiot! Mioara mă aștepta, era acolo, cu ochii spre ușă. Am îmbrățișat-o mai strâns ca altădată. Ce bucuros eram că nu se adevereau premonițiile mele! Niște prostii! Cum să te iei după niște vise?! Am vorbit despre mine mai mult. Ochii ei, duși în fundul capului de suferință, acum erau ceva mai vii. Mâinile îi erau reci și se alungiseră. Și era liniștită, avea o voce domoală și se uita mult la mine. Mă privea fix în ochi, de parcă voia să-mi memoreze trăsăturile.

Am plecat și-n urma mea am auzit-o: „Să ai grijă de tine, te rog! Ai grijă!"

A doua zi, când am trecut din nou pe la ea, patul era gol. O duseseră la morgă. Imediat după plecarea mea, la o oră, murise. M-am așezat pe banca din hol. Stăteam acolo ca o stană de piatră și tot ce-aveam în gând erau ultimele vorbe ale Mioarei: *„Ai grijă de tine, te rog!... Ai grijă!"*

Am ieșit afară împleticindu-mă, m-am așezat pe gardul metalic din curtea spitalului și am scos o țigară. Trăgeam din ea fără să-i simt gustul. Fumam în amintirea dimineților cu iz de cafea, pe care ni le dăruise Mioara.

Din față venea frate-său. Nu avea aerul unui om afectat de tragicul sfârșit al surorii sale. Și-a tras o grimasă sinistră când m-a văzut. M-am dus spre el, i-am prezentat condoleanțe și i-am spus despre dorința Mioarei, de a purta eu lanțul de argint, cu medalion, pe care-l avea la gât. I-am spus cât de mult îl doresc. Nu mi l-a dat. Nici n-a vrut s-audă. Nenorocit om! Am întrebat când o îngroapă, ca s-o ducem pe ultimul drum. A răspuns sarcastic, așa cum îi era felul: „*N-o înmormântez. O incinerez. Așa se face-n America!*". „*Mioara era româncă și creștină pe deasupra...*"am murmurat eu, dar deja nu mă mai asculta.

Însemna că nu-mi rămăsese nici măcar să-i pun flori și lumânări la mormânt. Măcar lănțișorul acela să-mi fi rămas de la ea! Nu-i nimic. O port în gând. E cu mine mereu.

Să ai grijă de tine, te rog!... Ai grijă!

Din casă în casă, ca nomazii

Am stat în câteva case, cu chirie, după plecarea forțată de la Mioara. Am stat, împreună cu mama, în locuri dezgustătoare, sărăcăcioase, neutilate și nicăieri n-am putut să spun că sunt „acasă". Erau ca niște cazarme, de unde plecam spre serviciu și unde ne întorceam seara, numai să dormim.

N-am apucat niciodată să scoatem toate hainele din saci. Purtam cam aceleași haine și nu ne păsa cum arătam. Eram destul de îngrijiți la aspect, atât cât să putem sta printre oameni.

Stăteam uneori cu mama la cafea și evocam amintiri care parcă se derulaseră cu decenii în urmă. Anii noștri frumoși, familia noastră unită, lipsa grijilor... erau toate atât de departe încât abia le mai vedeam în zare. Acum aveam grija supraviețuirii și a unui trai cât de cât decent. Ceream puțin de la viață și se vede treaba că eram nevoiți să muncim mult pentru nimica toată. Dar nu ne plângeam și mergeam înainte ostășește.

Eram fericit că mama e întreagă și că-și revenise spectaculos după atâta consum de alcool. Eram fericit că mă văd cu frate-meu în weekend-uri și cu tata, când îmi permitea timpul. Mă învățasem să mă bucur de lucruri simple.

O mai surprindeam pe mama plângând și parcă-mi venea și mie să mă pun pe bocit cu ea, dar aveam țeluri mai serioase decât să mă avânt în melancolii și să-mi conștientizez lipsurile. Mă maturizam în fiecare zi a vieții mele. O făceam de nevoie, în chip forțat. Ciuleam urechile, ascultam sfaturi și vorbele celor mai mari decât mine. Mi-era utilă orice vorbă menită să mă încurajeze.

Era al naibii de trist să fim atât de împrăștiați, să-l știu pe frate-meu departe, dormind pe la cine-i permitea și își făcea milă...! Nu îndrăzneam să sper că prea curând o să mai putem sta împreună. Mi-era dor de el și chiar dacă nu aveam aproape nimic în comun, eram prieteni buni. N-am avut niciodată divergențe serioase și i-am admirat mereu inteligența și duiumul de cunoștințe de care dispunea. Cred că îi era greu de unul singur, dar când ne întâlneam, nu se plângea. Probabil că și el, ca și mine, lua viața așa cum era. Se visase economist sau contabil, dar realitatea era că lucra la McDonald`s, într-o tensiune de nedescris.

Prin apartamentele ca niște cutii de chibrituri, pe unde am stat, abia aveam loc eu și mama. Ce rost avea să se chinuie și el? Cu toate astea, mama îl voia alături și dacă nu-l vedea o săptămână, o găseam plânsă, iar eu știam de ce. I se făcea dor de el și intra în panică dacă n-avea informații despre starea lui. Suflet de mamă...

Nici eu nu stăteam mai bine, dar nu-mi arătam slăbiciunile, ca să nu-mi creez singur piedici pe drumul deja spinos pe care călcam.

Speranță la orizont!

Auzeam des pe la amici despre plecări pe vase de croazieră. Fiecare avea pe câte cineva care izbutise să ajungă acolo și care se îmbogățise. Îmi încolțise ideea asta în cap și am luat-o drept cea mai bună dintre posibilități, ca să-mi scap familia de sărăcie.

Mi-era clar ca lumina zilei că nicio muncă din România, oricât aș fi fost eu dispus să mă sacrific, nu ne scotea din penurie. Uneori, aveam impresia că cu cât munceam mai mult, mai tare ne afundam. Sărăcia era ca o boală acută: cu cât era mai veche, cu atât se ținea mai tare de noi.

Mai auzisem pe la bloc, când eram copil, despre băieți care plecau pe vas, dar limita minimă de vârstă era de 21 de ani, iar eu, pe atunci, eram prea copil ca să fi fost eligibil.

Acum, reauzind povești despre plecări pe vase de croazieră, mi se ivise ideea fixă că trebuie să plec, așa cum mulți făcuseră și reușiseră. Eu de ce n-aș fi în stare și ce m-ar opri? Mai ales că o ieșire din țară, departe de casă și de necazuri, mi-ar prinde bine. Meritam cu prisosință alt mediu și, dacă tot munceam, măcar o făceam pe bani buni. Vedeam această ieșire ca pe-o vacanță.

Urma să-i spun mamei despre noile mele țeluri și aveam emoții. Noi doi pătimisem multe și fusesem nedespărțiți. Nici mie nu-mi era ușor s-o las și să plec atât de departe, dar se ivise asta și îmi surâdea prea tare ideea.

La o cafeluță băută în tihnă, cu mama, într-o duminică, i-am spus ce planuri am. Când a auzit de plecare pe vas, tocmai în America, a luat-o cu leșin și năbădăi. Știam că asta îi va fi reacția, dar îmi pregătisem discursurile care aveau s-o convingă.

La un calcul simplu, estimativ, oricât am fi muncit noi amândoi, reușeam doar să plătim chirii, utilități, țigări, mâncare, rareori câte o haină pe noi și transport. Adică supraviețuiam și nimic mai mult. Eu munceam și câte două schimburi, iar ea stătea peste program, în virtutea faptului că vom avea o stabilitate financiară sau un apartament închiriat mai de Doamne-ajută!

Cu greu, dar am convins-o să creadă în mine! Numai eu puteam aduce soarele pe strada noastră mohorâtă. Știa și ea asta. Eu eram curajosul și nebunul care s-ar fi aruncat în necunoscut, asumându-și toate riscurile din lume.

Visam cu ochii deschiși vasele-n larg, mă vedeam cu o mulțime de bani și nimeni nu mi-ar fi scos asta din cap. Era obiectivul meu principal și mă concentram numai pe el. Trebuia doar să mă interesez despre condițiile pe care le impunea firma de recrutări.

Parcă îi venise mamei inima la loc și sângele în obraji. Credea fiecare cuvânt pe care i-l spuneam, pentru că o făceam cu entuziasm. Cum nu mai aveam ce pierde, posibilitatea plecării pe vas era singura noastră șansă de revenire la normal.

Acum vedeam lucrurile altfel. Optimismul îmi dădea târcoale și eram fericit că rugăciunile mele către Dumnezeu aveau, în sfârșit, răspuns. Mi se arăta un viitor mai viu colorat, de la care nu m-aș fi abătut niciodată.

Mă săturasem de nori sumbri.

La Pizza Hut,
viața continua ca o tortură

În perioada aceea, Bucureștiul, cât era el de București, n-avea pizzerii, așa că toată lumea era buluc la Pizza Hut. Plecau valuri, veneau valuri de oameni. Puhoiul nu se termina niciodată. Eu nu mă descurcam deloc. Lucram cu frică, dezordonat, dezorganizat și mă panicam de fiecare dată când încăperile se aglomerau. Alții așteptau pe holuri să se elibereze. Timpul între debarasare și noua comandă trebuia să fie atât cât să nu superi clientul că așteaptă prea mult. Mie nu-mi reușea. Se găsea mereu câte unul mai scandalagiu care striga în toată sala aia: *„Da` hai, bă, odată!"*

Era inutil să mă scuz. Cine să mă înțeleagă și pe cine interesa că pulsul inimii mele era dublu și că tălpile îmi fierbeau în pantofi? Cui să spun că sunt aici doar pentru că am nevoie de bani și că ospătăria nu-i talentul meu? Nu-mi ieșea nimic, pentru că nu-mi plăcea ce făceam. Era un *feedback* normal: nu-mi plăcea, n-aveam nici rezultate. Munca aceea mi-era o cazna și doar gândul că număram bani seara, în drum spre casă, mă ținea acolo.

Începusem să nu mai rezist la stres și nervii mă lăsau puțin câte puțin. Oboseala era cronicizată și ajunsesem un cadavru ambulant. Mâncam atât cât să nu leșin și o făceam pe fugă, de parcă mă urmărea cineva.

De când cu ideea de plecare pe vas, eram ceva mai sprinten. Nevoia de bani se dublase: bani pentru plecare, bani pentru viața de zi cu zi. Nu era loc de capricii.

„Aduceți-mi cu blat pufos! Ba nu, crocant!", „Ciupercile sunt bune? Champignon sau de-ale noastre? Aduceți-mi Calzone, mai bine!"... alegeți ce vreți, oameni buni! Deocamdată sunt aici pentru voi. Nenorociți-mă, cotonogiți-mă cât puteți și cât mai sunt pe-aici! Eu acuși plec. Las totul în urmă și-o să consider că n-am trecut niciodată pe aici. O să uit totul de parcă a fost o himeră – îmi spuneam în gând, euforizând.

Nu știu ce-mi repugna mai mult: colegii, clienții, șefii sau munca de ospătar în sine, dar știu că locul ăla a fost vitreg și, cu toate astea, am zăbovit acolo aproape doi ani.

Demersuri, cerințe, condiții de îmbarcat pe vas

Aflasem că o firmă din Brașov recrutează personal pentru angajare pe vase de croazieră. Era reprezentanța unei firme italiene. Mi-am luat cu greu liber de la serviciu și m-am prezentat pentru depunerea CV-ului.

Îmi făcusem un CV de-mi venea să mă angajez și să mă pup de unul singur: eram vorbitor fluent de germană, aveam abilități de geniu, comunicarea și organizarea erau apanajele mele, iar la pasiuni i-am spart cu lectura, muzica clasică, călătoriile montane și mersul pe bicicletă.

Frate-meu și încă un coleg de-al lui voiau să meargă și ei pe vas. Le surâdea ideea unui contract de cel puțin un an. Ne era și frică să calculăm cu câți bani ne-am întoarce acasă. Așa că am depus CV-urile toți trei. Mi-a venit ideea să plec eu înainte și, dacă e atât de bine cum promit ei, în urma confirmării mele, veneau și ei. Dar dacă treburile n-ar fi stat așa, măcar nu sufeream toți trei.

Când m-au sunat să mă cheme la interviu (asta însemnând că erau interesați de mine – lipsa unei invitații la interviu, era refuz, în urma analizării CV-ului) am crezut că-mi stă inima de bucurie. La serviciu m-am dat bolnav o zi și cu noaptea în cap m-am urcat în trenul spre Brașov.

Nu aveam emoții. Mă motivam cu ambiție și mă uitam la cei care așteptau și ei să fie intervievați. Îmi spoream stima de sine, zicându-mi în gând că sunt mai presus de ei. Nu știu dacă chiar era așa, însă conta să fiu optimist și să-mi mențin încrederea în propriile forțe.

Îmi aranjasem părul de parcă eram Fred Astaire și îmi cumpărasem o cămașă care mă avantaja, cu o croială modernă, pe talie. Aveam o înfățișare serioasă și uitându-mă-n oglinda din holul birourilor, îmi ziceam în gând că sunt de nerefuzat. O exacerbare a propriei imagini pe care mă bazam. De fapt, aveam emoții mari când s-a apropiat vremea să intru, dar căutam să le ponderez, să nu le fac vizibile.

Doamna din fața mea era ursuză, laconică și nu se uita spre mine. Privea în CV-ul meu și verifica fiecare informație. Am conversat în engleză și m-am simțit pe terenul meu. N-am făcut nicio greșeală și am purtat o discuție fluentă, coerentă și plăcută. A bifat acolo un „V" ceea ce însemna probabil că-s OK, apoi, când a ajuns la cealaltă limbă, germana, pe care o trecusem doar ca să-mi umplu CV-ul, în primele cinci secunde s-a prins că am exagerat cu aptitudinile. Nu-i plăcuse minciuna mea și nici mie nu-mi plăcea, dar eram în stare să trec în foaia aia că știu și chineză, numai să plec.

Era un pic în dubiu în ceea ce mă privea, o dezarmase minciuna mea și aici am intervenit deodată: „Doamnă, vă rog să mă credeți că sunt în stare de orice ca să plec! Eu mi-am pus în cap să ajung pe vas și asta o să se întâmple! Dacă nu cu firma dumneavoastră, atunci cu alta! O să încerc până mă acceptă cineva! E dreptul dumneavoastră să mă respingeți, dacă am mințit, dar eu tot ajung în America!".

SFÂRȘITUL ÎNSEAMNĂ UN NOU ÎNCEPUT

Poate că ambiția și dorința mea furibundă de a pleca au impresionat-o pe cucoana din fața mea, care și-a schimbat brusc atitudinea din acritură într-o tipă simpatică, care mai și zâmbea. Nu-mi dădeam seama dacă era un zâmbet ironic sau unul natural, care-mi arăta simpatie și îmi spuneam în gând: *„Ori mă dă afară, ori mă acceptă și îmi spune ziua plecării!".*

M-a ținut așa, în expectativă, a sunat undeva, a vorbit ceva de neînțeles. Eu stăteam acolo, în fața ei și așteptam decizia care avea să-mi aducă bucurie sau dezamăgire. Muream să aflu care-i rezultatul și secundele se transformau în ore, cât nota ea, pe hârtii, diverse însemnări. *„Zi odată, femeie! Nu-mi mai pune la încercare răbdarea!".* Și-a închis mapa ca și cum mi-ar fi auzit gândurile, mi-a întins mâna și a rostit ceea ce voiam să aud: *„Domnule Niculescu, sunteți admis în urma interviului. Rămâne să aduceți restul documentelor și analizele medicale. Apoi vă transmitem telefonic data când va avea loc plecarea în larg."*

Îmi venea să sar peste biroul ăla și s-o sărut. Levitam de fericire. Cred c-am spus „Sărut mâna!" de cinci ori până am ieșit pe ușă. M-am așezat pe prima bancă pe care am găsit-o și mi-am aprins o țigară, ca să revin la realitate.

Vânt în pupă să am!

Nici nu m-am mai uitat în urmă...

Eram euforic. Era prima dată, după atâta timp, când mă bazam pe ceva real, fără să bat câmpii. Era mai mult ca sigură plecarea mea, numai că cerea timp. Timp şi bani.

La Pizza Hut mi se acrise. Muncă multă, în detrimentul sănătății. Aşa că visam la aceeaşi bani, cu muncă mai puțină. De fapt, nu refuzam să muncesc; refuzam umilințele.

Fratele meu plecase de la McDonald`s şi povestea despre noul job, la Nesscafe, că e un loc incredibil de liniştit şi plăcut. Era şi în grațiile patroanei Liuba, o moldoveancă frumoasă, soția unui englez, manager general pe la OMV. Un serviciu unde puteai să faci bani, să ai clienți civilizați şi care să mai fie şi plăcut, mie mi se părea utopie. Dar am cunoscut-o pe Liuba şi am realizat că atmosfera în cafenea era atât de cordială, pentru că ea însăşi era o femeie caldă şi binevoitoare. Îl avea la suflet pe frate-meu şi îi acorda toată încrederea. Îi aprecia seriozitatea, îndemânarea şi abilitățile relaționale. Se săturase şi el la McDonald`s, cu ritmul nebun şi aglomerația de-acolo. Nici funcțiile primite nu l-au mai încântat. Şi el, ca şi mine, era obosit fizic şi psihic. La Nesscafe a găsit gura de aer şi calmul de care avea nevoie.

Îmi doream să mă ia cu el, să lucrăm împreună şi i-am avansat ideea, pe care a considerat-o ca fiind foarte bună. În felul ăsta ne vedeam mai des, mai vorbeam și noi de ale noastre... Trebuia să-și dea acordul Liuba și puneam punct muncii la Pizza Hut!

Răspunsul a venit repede. Era afirmativ și eram așteptat acolo cât mai curând. Ce bine că scăpam de pacostea de Pizza Hut! O lăsam acolo pe mama, dar jobul ei nu implica atâta fugă nebună ca al meu. Pentru ea era în regulă. Personal, n-o deranja nimic din ceea ce făcea. Mătura, spăla, curăța și îi plăceau tinerii zgubilitici, se amuza de ei. Doar că atunci când mă vedea pe mine epuizat și cu fața de terminat psihic, se întrista. Îmi făcea semne de la distanță s-o las mai moale cu alergatul, mă certa că nu mănânc și că sunt perfecționist. Zicea că-n încercarea mea paranoică de a-mi ieși lucrurile bine, dau cu oiștea-n gard. Avea dreptate: încercam să fiu perfect, să arăt colegilor și mie însumi, că pot, că reușesc, că nimic nu mă doboară, dar fizic nu reușeam și asta se răsfrângea și asupra psihicului meu șubred. Îi tot explicam maică-mii că dacă ceva nu-mi place și nu mi se potrivește, trebuie să muncesc mai mult și-mi trebuie concentrare înzecită, să fiu la un nivel acceptabil. Avea ea niște teorii care nu se potriveau deloc cu ale mele, dar o ascultam plictisit și sleit de sfaturi de viață.

Ziua în care am aflat că am fost acceptat la Nesscafé a fost singura când am muncit absent, impasibil, ba chiar nesimțit. Detestam locul ăla, oamenii din jur și pe mine însumi, pentru cei aproape doi ani petrecuți acolo.

Am avut o bucurie să anunț că plec. Simțeam dulcele gust al răzbunării. Nu prea aveau personal și le lua ceva timp pentru training, când pleca cineva.

Îmi plăcea să cred că mă vor regreta şi că mă imploră să mai rămân, dar, fireşte, nu eram decât unul dintre mulţi alţii care au trecut pe acolo. Nu eram cu nimic special. Ba da! Managerul Viorel trebuia să-şi găsească altă ţintă de miştouri. La mine i se răsuflaseră toate umilinţele. Ajunsesem imun.

Am mai lucrat câteva zile, ca să nu-i las fără personal şi am plecat într-o seară, după ce mi-am terminat schimbul, fără să mă uit în urmă. Am zis un „La revedere" pe care l-am auzit numai eu şi am ieşit în stradă, simţindu-mă eliberat.

Ploaia de-afară curăţa asfaltul şi-mi curăţa şi mie amintirile... una câte una.

Casă nouă, pereți vechi

Nu aveam o dată sigură la care să m-aștept pentru plecarea în America. Tot ce-mi rămânea de făcut era s-aștept. Îmi trebuiau bani mulți pentru analizele medicale, drumuri la Brașov, viză de turist, pentru un drum până-n America și mai ales voiam să știu că mama e asigurată pentru o vreme. Mi-era teamă că vreo recădere financiară i-ar putea aduce din nou gânduri sumbre și s-ar fi apucat din nou de băut. Mă gândeam cu teamă că putea reveni oricând la starea de dinainte. Era un gând paranoic ce pusese stăpânire pe mine.

Ca să fiu sigur că economisesc bani, am decis împreună cu frate-meu și cu mama să ne mutăm toți trei într-o casă, fie ea și ruinată, numai să punem bani deoparte pentru plecarea mea. Era singura soluție care stătea în picioare.

Un prieten mi-a spus că pe Șoseaua Colentina, peste drum de benzinărie, era o casă dată naibii de urâtă, dar locuibilă și că aparținătorul cerea două milioane pe lună. Două milioane, în București?! Și cotețul porcului ar fi fost mai scump de închiriat! Curat chilipir! Nu știam cum să ajung acolo mai repede cu frate-meu, să nu ne-o ia altul înainte.

De la distanță, i-am văzut acoperișul de tablă. Cam ruginit și desprins de pe schelet, dar nu m-am dezarmat. Mă gândeam că nu-i mare lucru de reparat. Dar când am ajuns la intrare... am crezut că mă aflu într-o scenă din filmele lui Hitchcock. Încă de la poartă, care

Deși dărăpănată, ne-a ținut protejați, departe de stradă.

scârțâia lugubru, n-am mai scos un sunet. Amuțisem complet. Totul era perimat, stricat, pocit. Pereții uscați se decojeau, ferestrele aveau cercevele scorojite și doar câteva mai aveau geamuri, iar pe interior, ca să completeze imaginea desfigurată, tronau ziarele de pe pereți, prinse-n pioneze. Niște ziare îngălbenite și umede pe alocuri, pe sub care nu știam exact ce se ascundea.

Nici frate-meu nu era prea vorbăreț. Se speriase și el de văgăuna în care ne aflam și poate că-n mintea noastră, ambii, ne gândeam dacă era posibil să facem hruba aia locuibilă. Pentru că era atât de ieftină, ne încurajam reciproc, că nu-i chiar sinistră și că putea fi mai rău.

Și copacii din curte erau răsuciți și anormal crescuți. Nu știu cine locuise înainte sau poate că nu fusese locuită de după război, că arăta ca după bombardament, dar cineva adusese în curte pietre, bolovani, lemne și le trântise acolo. Dezolant tablou!

Iarna era atât de frig, încât dormeam îmbrăcați cu gecile.

Ne tot uitam după o sursă de apă, măcar un robinet, o țeavă, un izvor... nimic! Singura sursă de apă era o cișmea care se afla pe stradă, la câțiva metri de casă. Mă înspăimânta gândul c-o să mă spăl acolo și că-n general vom folosi apă de pe stradă, adusă cu ligheanul sau găleata.

Eram prea strâmtorați și eu aveam nevoie urgentă de bani pentru plecarea pe vas, așa că am decis să luăm ruina aceea, drept locuință provizorie, din care, cu siguranță, vom pleca urgent.

Pentru că eram în sfârșit împreună, mamei nu-i păsa cum arăta casa și nici de condițiile în care locuiam. Fusesem despărțiți prea multă vreme ca să mai conteze luxul sau lipsa lui. Astfel, am început eu și frate-meu să reparăm pereții, să văruim, să dăm un aspect cât de cât plăcut. Imaginea de gaură de șobolani mai dispăruse, dar curtea era tot bizară și gri!

Aveam două camere și ceva care semăna c-o bucătărie. Dormeam cu frate-meu și încercam să menținem curat atât cât să nu ne fie chiar urât să revenim acasă. Seara, înainte de culcare, ne împărtășeam melodiile preferate: el îmi vorbea de rock și disco, eu eram un manelist lipsit de gust, care mai exulta uneori pe melodiile rapperilor români și americani. Rafinamentul nu era punctul meu forte, iar melodiile fratelui meu nu-mi spuneau nimic, dar le ascultam, ca să-i valorific cumva estetica muzicală.

Un lucru era cert: deși casa în care locuiam era infectă, noi ne simțeam bine și eram fericiți. Ne învățasem să luăm destinul crud ca pe-o lecție și ne consolam cu ideea că e mai bine decât pe la ușile oamenilor străini.

Mama aranjase camera ei și pusese flori, lenjerie albă, imaculată, mileuri și amenajase în bucătărie un locșor unde ne beam cafelele și stăteam la țigări. Când

Eram săraci, dar uniți.

SFÂRȘITUL ÎNSEAMNĂ UN NOU ÎNCEPUT

aveam bani mai mulți, ne cumpăram dulciuri, sucuri și lungeam vorba până spre dimineață.

Mă uitam la ea cu toată mila din lume. Trecuse prin multe, la fel ca și noi, dar ea s-a dovedit a fi o luptătoare. Suporta toate neajunsurile cotidiene și își înghițea lacrimile, ca să nu ne indispună. Gătea până seara târziu, pe aragazul electric, dezmembrat, și mă minunam că a găsit loc să curețe și să taie zarzavatul. Leușteanul din ciorbă mirosea de la poartă și era o plăcere să mâncăm toți trei, pe genunchi sau pe-un capăt de pat, povestind ce-am mai făcut pe la slujbele noastre.

Mi-am amintit într-o zi că atunci când eram acasă, la noi, mama folosea creme de față și îmi plăcea s-o văd că se îngrijea, așa că i-am cumpărat o cremă L'Oreal, într-o cutie colorată cu roșu și auriu. Doamna de la magazin a spus că e antirid și că ajută la prevenirea nu știu cărui fenomen de îmbătrânire celulară... treburi femeiești, la care nu mă pricep eu, dar voiam să-i fac mamei o surpriză. *„Dai o pupă, dau ceva!"* am zis, ținând mâna la spate. Mi-a lipit buzele de obraz, curioasă, și eu am devoalat secretul. Brusc, a devenit serioasă: *„Mă, Adiță, nici oglindă n-am! Țin un ciob sprijinit de geam, în care nu m-am uitat niciodată!"*

Avea dreptate – nu exista nicio oglindă. Ciobul îl văzusem și mă foloseam de el când mă bărbieream, afară. Ce viață! Să locuiești în văgăuna asta oribilă, să uiți când te-ai uitat în oglindă ultima oară! Dar a luat crema și, ca să-mi arate câtă bucurie i-am adus, a întins-o pe față, pe gât, ca și cum niciodată nu folosise așa ceva. Își amintea și ea, ca și mine, policioara din baie și raftul din cameră, pline cu creme și parfumuri și poate că făcea socoteala în capul ei, de când nu mai folosise o cremă, un ruj, un parfum, un demachiant. Ăla a fost momentul când mi-am promis că o să fac tot ce-mi stă în putință ca viața să revină la normal. Ne îndepărtasem și ne sălbăticisem. În acești câțiva ani am fost doar în goană după serviciu, bani și după câte un loc unde să punem capul.

Din când în când, tata ne vizita. Ne lăsa câțiva bani, stătea cu noi la masă, la țigară și la povești. Pleca apoi spre casa lui, spre femeia lui. Discutam chestii simple, nimic la obiect, nimic care să-l rănească sau să-i dea impresia că-l judecăm.

Mă uitam după el cum pleacă pe poartă și l-aș fi ținut de picioare să nu plece, să mai rămână cu noi măcar o zi, măcar o oră...

Jobul la Nesscafé, curată vacanță

Când ajungeam dimineața, la 7, prima dată îmi făceam un frappé cu înghețată de vanilie. Mă așezam la o masă, la geam, să am lumină naturală și citeam Gazeta Sporturilor. Nimeni nu se supăra pe tabietul meu și jumătate de oră eram în lumea mea.

Discutam apoi cu frate-meu și cu Silviu, colegul nostru, despre meciuri, pariuri, fotbaliști în vogă, iar eu, stelist fanatic, îmi apăram echipa. Uneori ni se alăturau și clienții la discuții și se încingea o adevărată dispută. Mă împrieteneam cu toți cei care veneau să-și bea cafeaua la noi și mă simțeam ca acasă. Liuba nu ne impunea o conduită, nu ne presa în niciun fel și ne acorda libertatea de a lucra așa cum considerăm noi, numai să atragem clienți și să-i menținem. Îi plăcea curățenia și ținea ca shopul să arate impecabil. Dimineața, înainte de cafea, aspiram, ștergeam mesele și podeaua și o făceam cu drag, ba chiar mai mult decât mi se cerea.

Nu știam cu ce să răsplătesc bunătatea femeii care mă primise acolo și care îl prețuia atât de mult pe frate-meu. De aceea făceam cu mult mai mult decât era cazul să fac. Mă implicam cu sufletul pentru orice client și mi-era indiferent dacă lucram ca barman sau ca ospătar. Eram prezent acolo unde era nevoie de mine.

Seara plecam acasă cu un bacșiș la fel de bun ca cel pe care îl făceam la Pizza Hut, spre deosebire că aici at-

Job-ul la Nesscafé, curată vacanță.

mosfera era lipsită de stres și presiune. Eram odihnit și era o plăcere să ajung la serviciu. Ba, uneori, mi se părea că nu mai trece timpul ca să ajung acolo.

Picior peste picior, cu gazeta pe genunchi și frappé-ul pe masă, privind uneori pe geam, spre depărtări numai de mine știute. Eram liniștit și asta conta cel mai mult. Visam frumos...

Și-a apărut ea...

În timpul meu liber mă îndepărtam de pereții ruinați ai casei unde-mi duceam zilele și mă întâlneam cu câțiva amici, la Obor. Era acolo o pizzerie care se numea „Ines". Îmi plăcea că aveau prețuri decente și era un cadru italienesc, plăcut și ospitalier. Era plasat între două stații de metrou și era permanent aglomerat.

Îmi plăcea că pizza se făcea la vedere, la vatra despărțită de clienți doar printr-un geam. Urmăream dexteritatea pizzerului, cum învârtea aluatul și cum dintr-un pumn de cocă îl aducea în ipostaza unei fuste cloș. Presăra, în ploaie, legumele, adăuga salamul și brânza în top, c-o viteză de magician. Izbea în final oregano uscat sau busuioc și în tot timpul ăsta cânta. Odată l-am auzit fredonând „O sole mio!". Ce nebun! Mă uitam ca la un spectacol. Nobilă și interesantă muncă! Veneam aici să mă desprind de ale mele. Îmi comandam mereu Pizza Quatro Formaggi și după gustul sărat, mergea perfect o Coca-Cola. Apoi o cafea și vorbe multe. Povesteam prietenilor norocul care a dat peste mine cu noul loc de muncă, iar ei râdeau de mine că am job de femeie însărcinată sau de diabetic insulino-dependent, cu efort redus.

Și într-o zi, cum ne înverșunam noi, generând discuții aprinse despre politică, la distanță de două mese am văzut-o pe EA. Îi vedeam doar profilul. Privea undeva în gol și ținea între buze un pai din plastic, prin care sorbea un frappé. Era blondă și lumina puternică de afară îi strecura în păr șuvițe sidefate. Avea ceva ce nu văzusem până atunci la alte fete. Simțindu-se privită intens, s-a uitat în direcția mea. Avea un „quelque chose" care m-a atras instantaneu. Am văzut o feminitate aparte în privirea ei, care m-a intimidat. M-am uitat în altă direcție, ca să evit penibilul de a mă zgâi la ea jenant de mult. Nu voiam să par un necioplit care caută să intimideze, în scopul de-a atrage atenția. Am revenit în discuția băieților, mă arătam interesat, dar eram cu gândurile răvășite de fata care se afla la a doua masă de a mea.

Nici ea nu mai era atât de interesată de dialogul fetelor cu care venise. O intimidasem involuntar sau îmi remarcase prezența și admirația pentru ea. Începusem să nu ne mai pese de cei ce ne însoțeau la mese. Ne uitam unul în ochii celuilalt, fără să ținem cont de lumea din jur. Dacă, de felul meu, eram un timid și un emotiv, de data asta mi-am făcut curaj să mă duc la ea s-o întreb cine e și din ce galaxie a apărut. S-a prezentat cu cea mai suavă voce:

— Nicoleta, dar îmi place să mi se zică Nicole.

— Adrian. Îmi poți spune cum vrei, numai strigă-mă!

A dus mâinile pâlnie la gură și a mimat un strigăt care m-a topit pe loc: „Adriaaaaan!" Mi-a simțit emoțiile crescând și mi-a văzut neputința de a-i cere un număr de contact și a fost mai curajoasă ca mine:

— Îmi dai numărul tău de mobil? Aș vrea să ne mai vedem.

L-am scris pe un colț al notei de plată care tocmai îi sosise și am plecat împleticindu-mă de la masa ei. Mergeam, zburam sau levitam... nici nu știu. Cert e că mă îndrăgostisem atât de repede încât viteza supersonicului era melc pe lângă rapiditatea cu care-mi bătea mie inima, după ce am văzut capul acela blond, la doi pași de mine.

Am mers pe jos în drum spre casă, de unul singur și trezeam poetul din mine:

Nicole, Nicole... ți-aș săruta piciorul gol,
De m-ai lăsa să te ating
Și aș veni matol, în rostogol,
În părul tău să mă preling!

Visam mergând, mergeam visând și voiam să primesc telefon de la minunea cu ochi maronii. Nu știam ce hram poartă, dar se vedea după maniere că era o tipă educată și mă temeam că, dacă ne-am întâlni, o să-mi fie greu să fac față unui comportament excesiv de civilizat. Ca fată, faptul că îmi ceruse numărul de telefon spunea despre ea că e mai mult decât curajoasă dar, de fapt, ea mă salvase, evitând să-mi vadă emoțiile la cote îngrijorătoare.

Interpretam curajul ei ca pe-o salvare pentru că asta am simțit când pe frunte îmi apăruseră broboane de transpirație și se așternuse între noi tăcerea, preț de câteva secunde. A știut să speculeze momentul și a făcut-o în chip practic.

Ajuns acasă, i-am povestit maică-mii totul. Apoi lui frate-meu, care mi-a criticat felul prea direct de a mă duce la masa ei. Nu-mi păsa! Mi-era teamă că dacă nu mă duc să vorbesc direct cu ea, n-aveam s-o mai văd. Bucureștiul e mare, șansele erau minime s-o mai fi revăzut.

Nicole, Nicole... ți-aș săruta piciorul gol...

Iarna nu-i ca vara

Cât a fost cald, văgăuna noastră era acceptabilă. Dar venise toamna și frigul ne strângea în spate. Dormeam uneori toți trei ca să ne încălzim și trezirea, dimineața, era o tortură, în gradele cu minus. Aveam un reșou electric care nu reușea să încălzească încăperile înalte și neizolate. Percutam ca la armată: trezit, spălat pe ochi, îmbrăcat, fugit la muncă. Orice, numai să fiu în mișcare, să nu simt frigul.

Scoteam aburi pe gură când ieșeam din cameră, în bucătărie. Mă săturasem până peste cap de casa aceea urâtă, desprinsă parcă din scene thriller și nu-mi doream decât să fiu anunțat cât mai curând pentru zborul spre America, apoi îmbarcarea pe vas.

Familia mea merita ceva mai bun. Mi se rupea sufletul s-o văd pe mama cum spală vase cu apă rece, adusă din stradă, sau cum freca la haine până îi dădea sângele din degete. Era o limită a pauperității la care nu credeam că o s-ajungem. Ne încălzeam reciproc, ne suflam unul altuia în spate sau în palme, făcând haz de asta. Ne opream lacrimile, le interziceam să curgă și preferam să jucăm scene tragi-comice, făcând tot felul de glume pe seama casei și a frigului din ea. Mie-mi spunea că sunt „un furnal de intreprindere" cu firul ăla gros de aburi ce-mi iese din gură, iar frate-meu era un „Quasimodo de oraș", când se chircea, îmbrăcându-se.

Făcea mama câte o oală de ceai, să ne țină departe de răceli.

Alergam spre Nesscafé amândoi nu pentru că întârziam, ci pentru că voiam să ajungem într-o încăpere călduroasă. Mama se ducea și ea la metrou și ajungea înaintea tuturor la Pizza Hut. Niciunul dintre noi nu povestea nimănui despre condițiile oribile în care trăiam. Cine să ne creadă și la ce-ar fi ajutat?

Tata, când venea pe la noi, în timpul iernii, era supărat și nu scotea niciun cuvânt. Era ca o stană de piatră, la marginea patului, se uita în jur la grota în care ne duceam zilele. *„E vina mea, e numai vina mea!"*, gândea cu voce tare, dar noi îl asiguram că nu căutăm vinovați, ci soluții să ieșim din labirintul în care ne învârteam de prea mult timp.

Ca să-i hrănesc speranțele și să-i reduc tristețea, îi povesteam despre interviurile date la Brașov și de iminenta plecare spre America. *„Dacă plec eu, toate se vor schimba. O să avem o casă a noastră... o să fie altfel. Numai să plec!".*

ADRIAN NICULESCU

Din gura unui tânăr care abia împlinise 21 de ani, valul acesta de promisiuni ar fi fost percepute de alții ca lăudăroșenie. Dar tata mă cunoștea bine. Aveam ambiția și determinarea lui și știa că sunt în stare să muncesc până la epuizare pentru obiectivele mele.

Tata pleca de la noi îngândurat și avea inima frântă că ne lăsa pe toți în peștera glacială din Șoseaua Colentina, unde clănțănitul dinților era sportul sezonului.

Făcea mama câte o oală de ceai, trântea acolo plante numai de ea știute și spunea să bem, să ne țină departe de virusuri și răceli. Trebuia să fim sănătoși, ca să putem face bani utili plecării mele. Oricare dintre noi s-ar fi îmbolnăvit, ar fi diminuat suma necesară.

Așa că, Doamne, ești obligat să ne ții sănătoși!
Te conjurăm!

De la extaz la agonie

Câteva zile nu m-am dezlipit de telefon. Eram în stare să mi-l cos în palmă. Voiam să mă sune Nicole, s-o aud, să aflu despre ea tot ce se putea afla. Nu voiam să fac niciun scenariu. Nu-mi puteam închipui nimic despre ea. Nu aveam niciun indiciu, n-o văzusem niciodată până atunci. Eram amarnic de curios și teribil de îndrăgostit de ea.

Când închideam ochii, îi vedeam profilul cu trăsături megafeminine, pe care îl zărisem la „Ines", în pizzerie. Apoi, ochii ăia de un maroniu cu inflexiuni verzi pe margini, care mă fixau să mă poată evoca mai târziu... era cu neputință ca fata asta să nu mă sune!

Să fiu sigur că așteptarea nu mi-e în van, alergam câteva minute la biserica „Sfântul Dumitru", care nu era prea departe de noi. Spre deosebire de biserica la care mergeam eu, la „Doamna Ghica", aceasta era mai impunătoare și mai rece. Când mă rugam și mă uitam în sus, spre Dumnezeu, nu puteam zări cu exactitate toți sfinții pictați pe cupolă.

Preotul de aici era ocupat, avea enoriașii lui, pe care îi cunoștea și cărora le acorda atenție, în chip preferențial. Nu era cu supărare! Dumnezeu era peste tot și nu aveam nevoie de mijlocitor. Mă rugam la El să nu mă lase s-aștept prea mult. Voiam să mă sune Nicole. Atât. *„Apoi, Doamne, mai am rugăminți de făcut, dar ți le spun la timpul lor!"*, dialogam bezmetic cu Cel cu care vorbisem de atâtea ori. A fost mereu un monolog, dar mie îmi plăcea să cred că e un dialog, la un nivel pe care numai eu îl percepeam.

Am ajuns acasă și m-am aruncat îmbrăcat în pat, frânt de oboseală. Pusesem telefonul sub pernă, cu volumul la maxim, să fiu sigur că-l aud. A sunat atât de tare încât am sărit în picioare ca la cazarma militară.

— *Bună seara! Îți mai amintești de mine? Sunt Nicole... de la Pizzeria „Ines"... sunt blonda care...*

— *Nu te mai descrie, că nu-mi trebuie repere ca să-mi amintesc de tine! Nu te-am uitat în cel mai mic amănunt, înțelegi?*

Îmi bătea inima ca unui godac gata de sacrificare. Deci există puterea rugăciunii! Știam eu.

Din seara aia, am început să vorbim cu orele. Stăteam pe spate, cu ochii în tavan și vorbeam continuu. Mama făcea semne disperate să termin, frate-meu, la fel. Vorbeam ore întregi, fără să ne dăm seama cât de mult petrecem schimbând informații doar telefonic. Sătui de această inconveniență și dorind să ne vedem, să ne vorbim în față, să ne atingem, am întrebat-o unde locuiește. „*Undeva, la o vilă, pe Șoseaua Colentina*". „*Ce coincidență! Și eu*", am răspuns entuziasmat. Din vorbă în vorbă, mi-am dat seama că locuiește peste drum de mine, la un minut depărtare. Știam și vila în care locuia. Era una impunătoare, de bun gust. Era, deci, o tipă bogată.

Ne-am întâlnit și mi-a fost teamă să-i arăt unde stau. Diferența dintre situațiile noastre financiare și sociale era de-a dreptul enormă. I-am spus cu sinceritate: „*După ce îți arăt casa în care stau, dacă o să fugi, n-o să mă supăr. O să te înțeleg.*"

După ce mi-a povestit viața ei, care era una relativ normală, cu excepția unor părinți cam riguroși, am invitat-o la mine, să-mi vadă „palatul". Nu era deloc uimită și n-o interesau condițiile în care trăiam. Ea mă plăcea așa cum eram, cu toate minusurile. N-a fugit. Și nici măcar nu s-a arătat uimită. Sluțenia casei mele n-a avut niciun impact asupra ei. Mi-a vorbit despre importanța sufletului și a faptului de a fi om înainte de toate și că o casă înseamnă pereți, ciment, fier și cuie.

Era sinceră și avea o inimă deschisă. I-am povestit toată viața mea până în acel moment și ea s-a întristat până la lacrimi. Nu voiam să-i câștig mila și compasiunea, ci aveam nevoie de cineva de încredere căruia să-i povestesc viața mea, așa cum fusese până atunci. Iar ea părea persoana potrivită. Ascultam împreună muzică, ne plimbam aiurea pe străzi, ne duceam la pizzeria unde ne cunoscusem și, când nu erau părinții ei acasă mă strecuram în vila lor, iar ea pregătea apă cu spumă în cada cu masaj Jacuzzi, unde ne iubeam și ne lăfăiam.

Îmi pregătea apoi masa, cu tot felul de bunătăți de prin frigiderul tixit cu delicatese și era încântată să mă hrănească ca pe un copil. O făcea cu iubire și se sacrifica pentru relația noastră. După ce stăteam ore întregi împreună, la telefon, ne puneam melodii și ne spuneam vorbe de iubire de parcă nu ne văzusem de un deceniu. Adormeam și mă trezeam cu ea în gând. Nicole devenise parte integrală a vieții mele. Mama o îndrăgea și o aștepta mereu cu câte o surpriză. Erau așa frumoase amândouă când stăteau de vorbă! Era prietena de care mama avea nevoie și era sufletul care ne lumina întunericul văgăunei care ne ținea loc de casă.

Îi povesteam despre plecarea mea pe vas și îi promiteam că o să avem un viitor decent, dacă va putea să mă aștepte. Ea nici nu concepea să fie altcumva. *„Ce-i iubirea fără suferință și așteptare?!",* îmi spunea. Și aveam toate motivele s-o cred.

O credeam în stare. Era o femeie care se dăruia în totalitate și avea cumințenia unei neveste care a jurat la altar. Era nedrept să-i cer să mă aștepte, în cazul în care plecarea ar fi survenit imediat, dar eram atât de legați unul de celălalt, încât chiar dacă nu i-aș fi cerut-o, tot asta ar fi intenționat să facă.

Era foarte decisă în a consolida relația noastră și vorbele ei erau sincere ca ale unui copil care nu știe ce-i minciuna și prefăcătoria. Credeam că nimic nu putea interveni între noi. De la serviciu fugeam spre casă și apoi mă refugiam în brațele ei adorabile, pentru care dezvoltasem o inconvenabilă și dureroasă dependență.

Nicole a fost mereu acolo, niciodată n-a lipsit. Până într-o zi... când s-a ascuns să nu mai poată fi găsită, dispărând complet din viața mea, fără să-mi spună măcar un motiv și fără să-și ia rămas bun.

Am căutat-o cu disperare, dar a fost în zadar și mi-am dat seama că aflaseră părinții de relația noastră și că, așa cum îi cunoșteam din spusele ei, îi interziseseră cu desăvârșire să se mai întâlnească cu mine. Erau tipul de oameni pentru care iubirea nu însemna nimic și care puneau preț pe situația financiară și pe blazon. Eu nu puteam răspunde cerințelor pe care le impuneau. Eram mult prea sărac și, în opinia lor, n-aveam niciun viitor. Eram un element de care trebuia, indubitabil, să se descotorosească.

Eram convins că i-a fost greu să ia decizia capitală. Știam cu certitudine că mă iubea sincer și mai știam că aveam să sufăr după ea ca un nebun. Din nou resimțeam un abandon dureros pe care, de data asta, nu-l puteam gestiona. Lipsa ei era durerea pe care n-o puteam duce. Nimic n-o putea înlocui pe Nicole, care era sursa tuturor bucuriilor mele. Știam că o să m-afund din nou în tristeți prelungite, care or să mă macine până-n adâncul sufletului.

Ca să îmi răsucească și mai mult cuțitul în rană, Nicole suna în toiul nopții, și-mi punea melodiile noastre, fără să spună niciun cuvânt. Doar câte-un scâncet se auzea în fundalul melodiei și apoi un clic surd, de telefon închis în nas. Plângea pentru mine, se zvârcolea ca și mine în dureri, dar poruncile părinților ei erau mai presus de toate. Nu-i înțelegeam docilitatea cu care se conformase în a le executa! În fine, inevitabilul s-a produs! Mi-era clară diferența dintre noi, dar eu o văzusem umană, sensibilă și imună la antiteza bogăție-sărăcie.

Trebuia să plec cât mai repede! Voiam cu încrâncenare să mă sune cei de la firma de recrutări, să-mi spună că voi pleca în curând. Acum eram mai motivat ca niciodată să plec. Numai așa puteam s-o uit, să las în urmă totul. Îmi trebuia un stil de viață nou, în care să mă implic, pentru a mă putea vindeca de acele dureri care-mi otrăveau întreaga ființă.

Și s-a întâmplat minunea: m-au sunat cei de la Brașov și mi-au spus să mă pregătesc de plecare. Nu se putea să pice mai bine această veste! Cineva acolo sus continua să mă iubească! Mă arunca în văzduh și mă prindea exact când eram gata să mă prăbușesc.

Închideam cu greu capitolul „Nicole" și fiecare zi în care nu-mi era aproape îmi cauza o suferință pe care încercam s-o maschez într-o ireală nepăsare. Mă mințeam întru acceptare și supraviețuire. Altă cale n-aveam.

Să închidem conturile!

Mi-am dat demisia de la Nesscafé cu strângere de inimă. Mi-era tare familiar locul acela! Mă uitam spre masa unde îmi beam frappé-ul matinal, unde-mi citeam gazetele sportive și mă luase un pic teama de viitor. Pe de altă parte, tocmai faptul că era incert mi se părea o aventură în necunoscut, care-mi stârnea curiozitatea.

Am îmbrățișat-o pe Liuba noastră dragă, ca pe-o soră mai mare, iar ea mi-a urat cele bune. I-am promis c-o țin la curent și că o să-i povestesc tot ce se întâmplă cu mine. Îi părea rău că plec. Poate nu eram cel mai bun chelner sau barman, dar a reușit să ne închege ca pe-o familie sau ca pe un grup de prieteni. Dacă aș fi avut de ales, n-aș fi plecat de la cafeneaua Liubei niciodată. Cum planurile mele erau altele, am spus „La revedere" tuturor și am plecat spre casă, cu gândul la număratul zilelor și orelor până la plecare.

Cheltuisem bani mulți cu analizele medicale, drumurile la Brașov, asigurările, și aș fi vrut să plec cât mai repede. Nici de data asta sorții n-au ținut cu mine și un telefon primit într-o după-amiază m-a anunțat că plecarea s-a amânat pentru alte 60 de zile. Vedeam negru în fața ochilor! Renunțasem la job, crezând că verdictul plecării e serios și iată-mă bulversat! Nu mă gândeam decât la faptul că mi se termină repede banii și că rămân fără un sfanț pentru cheltuielile zilnice. Fumam, beam cafea, îmi trebuia să mănânc... cum aveam să fac față fără nicio slujbă? Nu mi-am permis niciodată să plutesc în derivă, fără o slujbă care să-mi asigure cât de cât existența.

De câteva ori mi-a dat mama bani de buzunar. La fel și tata, când venea pe la noi în vizită, îmi lăsa niște bani, atât cât să-mi acopere pachetul de țigări. Eram ca un leu în cușcă și mă simțeam ca un parazit. Voiam o muncă provizorie până la plecare. O voiam nu doar pentru nevoile materiale, cât mai mult pentru a nu mă mai simți inutil. Mă îmbolnăvea plictiseala și lipsa unei direcții. Nu știam ce însemna să stau, pur și simplu. Mă agitam de colo-colo și eram cu ochii pe ziare, căutând o muncă sezonieră. Și mai era și suferința după Nicole... Trebuia cu orice preț să mă țin ocupat!

Bunul meu prieten, Răzvan Paraschiv (Țiganu`) cu care mă mai întâlneam la cafea, văzându-mă abătut, m-a invitat la el la serviciu, să văd cum se desfășoară munca într-o spălătorie de mașini. Nici n-am ajuns la destinație și am spus „Da", fără să văd măcar despre ce era vorba. M-am uitat puțin la tehnica spălătorilor, la succesiunea operațiilor și am zis: *„Vorbește cu patronul tău! De mâine spăl și eu mașini!".* Țiganu` încerca să mă convingă că nu-i atât de ușor, că e o muncă titanică, ce afectează sănătatea, dar eu, ancorat în nevoile mele, am fost nepăsător la încercările lui de-a mă dezamăgi.

Am lucrat două săptămâni ca salahor. Eram în permanență ud din cap până-n picioare, strănutam, tușeam și n-aveam timp nici de-o țigară. Când o mașină era gata spălată și credeam că pot respira, apărea alta și mai murdară.

Mânuiam greu furtunurile cu apă. Arătam de parcă mă luptam cu balaurii. Mă dureau brațele și umezeala îmi paraliza simțurile. Nu mi-am format o îndemânare care să-mi solicite mai puțin efort. După 8-10 ore de muncă, eram epuizat. Clienții erau pe fugă, cereau perfecțiune într-un timp cât mai redus și majoritatea trata spălătorul de mașini ca pe un un sclav ce nu necesită respect. Mulți dintre băieții din jurul meu înghițeau înjurăturile și umilințele și doar banii pe care îi primeau la finalul zilei îi făceau să treacă cu vederea limbajul suburban al clienților.

Mă atașasem de cățeii care leneveau în curtea spălătoriei și ochii lor mi se păreau mai umani decât ai celor care, în viteză, își lăsau bolizii la curățat. Țiganu` mă încuraja să merg mai departe, să fac abstracție de înjosiri și de greutățile care îmi aspreau șederea temporară în spălătorie. El era deprins cu ele. I se formaseră și brațele după furtunurile grele, iar caracterul i s-a dat după mușterii. De multe ori nici nu-i auzea. Spălătorii se bucurau de orice șpagă lăsată de șoferi. Ăsta era și motivul pentru care ignorau micile răutăți.

După două săptămâni de muncă nebună și o răceală care m-a ținut la pat, am renunțat cu totul la spălatul mașinilor. Preferam să flămânzesc, să renunț la fumat sau să n-am bani de buzunar decât să mă întorc acolo! Oricum, zborul spre America era aproape.

Până la telefonul decisiv, care-mi preciza cu exactitate ziua plecării, prietenul meu, Țiganu` (care e, de fapt, cât se poate de român, dar cu o piele măslinie) m-a întreținut din banii munciți cu greu în spălătoria auto. Fără să-i cer și fără să mă plâng, a intuit cât îmi sunt de

Răzvan Paraschiv a fost un model de moralitate și sacrificiu.

necesari banii și dintr-un sincer sentiment amical, care pe mine mă impresiona enorm, îmi aducea câteva sute de mii „Să-i ai acolo!". Cum nu întâlnisem până atunci prea multă lume care, în chip dezinteresat, să-mi arate altruism, Răzvan Paraschiv mi-a fost în acea perioadă model de moralitate și sacrificiu.

Mi-am promis că o să-i plătesc cândva, înzecit, toată această bunătate pe care mi-a acordat-o, fără să i-o cer. El nu voia decât să-mi curme sărăcia și disperarea. Reușise.

Să ridicăm ancora!

Împlinisem 22 de ani de curând. Eram un tânăr trecut prin experiențe dureroase. Mă uitam în urmă și vedeam muncă, răutate, lipsuri, gânduri, umilințe și nenumărate dureri. Nici odihna, nici fericirea nu-mi erau prietene, dar nu făceam din asta o dramă. Era viața mea și o luam ca atare, știind că nu mă pot lua de gât cu destinul. Pe de altă parte, aveam o gândire sadică și o luam ca pe-o motivație: viața grea călește, întărește voința și maturizează.

În jurul meu erau băieți care trăiau pe banii părinților, aveau o viață lejeră și dormeau până spre prânz. Toate acestea, pentru mine, sunau rușinos și dezonorant. În accepțiunea mea, un bărbat trebuie să se deprindă de tânăr cu munca. Un bărbat trebuie să găsească soluții imediate de ieșire din impas și trebuie să accepte orice situație, atunci când familia sa se află într-o fază nefavorabilă. Bărbatul e un umăr solid, un braț de fier și pilon de sprijin!

Poate că eram prea tânăr ca să emit filosofii, dar cam așa debitam când ne întâlneam cu toții la cafea. Unii prieteni mă considerau ciudat, deplasat și îmi reproșau maturitatea precoce, dar dacă i-aș fi cerut să empatizeze cinci minute cu mine și cu viața mea, poate că m-ar fi înțeles.

Spre deosebire de ceilalți, eu nu sufeream dacă nu ieșeam în club și nu mă supăram dacă un weekend întreg îl petreceam cu mama, când ne adunam de pe la munci și adormeam povestind.

Cine să ne asculte dacă n-o făceam noi, reciproc? E ușor de judecat și de etichetat, mai greu e de întins o mână sau de dat un sfat util. Nu mă supăram pe nimeni, nu mă plângeam și nu consideram că cineva trebuia să-mi înțeleagă viața sau să rezoneze cu necazurile mele. Chiar mă comportam ca și cum viața mi-era pe roze și toate erau bune, ca să nu stric cheful celorlalți.

Mă trezisem într-o frumoasă dimineață de iunie cu un optimism inexplicabil. Mi-am zis că asta e ziua în care primesc telefonul mult așteptat care-mi anunță plecarea. Nu am abilități de ghicitor și nici nu pretind că intuiția îmi trimite des alarme, dar în ziua aia presimțirile nu m-au amăgit. În jurul prânzului, vocea sobră a secretarei firmei de recrutări m-a anunțat că peste două zile trebuia să mă urc în avionul de Paris, pe care-l voi schimba apoi cu cel de America. *„Veți ateriza în aeroportul din Miami la ora...."*

Visam? Nu! Mă ciupeam să simt realitatea. Eram treaz și toate se întâmplau aievea. Deci era chestie de ore până ajungeam acolo unde visasem! Am luat-o pe mama de lângă oala de ciorbă, am purtat-o într-un vals imaginar prin cameră, iar ea, cu polonicul în mână, se lăsa pradă emoțiilor mele, supunându-se bucuriei care-mi făcea inima să bată sălbatic.

Nu știu cum au trecut cele două zile. Eram în stare să număr minutele și îmi făcea o deosebită plăcere să-mi fac bagajul, de parcă în următorul minut urma să ies pe poartă. În ultima noapte n-am închis un ochi. Mă copleșeau gândurile, speranțele și visam cu ochii deschiși cum eram eroul familiei. Eu, cel mic, mezinul-problemă, care a detestat școala și lectura de vacanță. Eu, care „*nu făceam doi bani*", după cum mă cataloga bunică-mea sau eu, „*prost ca un butuc*", cum mă calificase, odinioară, bunicul. Venise vremea să demonstrez că așa neînsemnat cum mă văzuseră unii, aveam să fiu colacul de salvare al familiei mele, atât de încercată de vicisitudini!

Nu i-am lăsat pe mama și pe fratele meu să-mi ofere o despărțire cu lacrimi. Le-am cerut să fie fericiți, să se bucure pentru mine și să nu mă conducă la aeroport. Mă purtam bărbătește și ceream să fiu tratat ca un bărbat. „*Vă scriu, vă țin la curent! Termină mamă cu plânsul, că nu plec în armată! Și nici la război!*" Și am ieșit cu geanta de gât pe poartă.

În aeroport eram zece oameni care mergeam spre Paris și apoi spre America. Unul singur dintre noi, Laurențiu, mai lucrase pe vase de croazieră, iar noi, ceilalți, îi ascultam poveștirile. Voiam să știm ce ne așteaptă. Ceea ce ne spunea nu suna prea încurajator, dar mie, personal, nu-mi păsa. Voiam să ajung acolo, să muncesc, să fac bani și să schimb soarta familiei mele. Eram deprins cu munca și umilințele. Ce se putea întâmpla pe vas ca să mă determine să bat vreodată în retragere?!

Zborul până la Paris, de aproximativ trei ore, a fost preambulul celor 14 până în America. Mi se umflaseră picioarele și eram un ghem de emoții, oboseală, temeri ascunse și speranțe. Îmi fugeau gândurile când la un pol, când la altul: de la „Doamne, am 22 de ani! Ajung la capătul lumii. Habar n-am unde merg și ce-o să se întâmple cu mine!" până la „ O să fie bine! De ce să-mi fac gânduri negre ca prostul? Atâta lume lucrează pe vase de croazieră și, până la urmă, am visat atât de mult s-ajung până aici! Sunt penibil!"

Avionul în care mi-am petrecut 14 ore era imens. În timpul zborului s-au rulat filme, ca să ne distragă atenția de la multitudinea orelor de stat în fund, într-o poziție în care îmi amorțiseră complet picioarele. Mai făceam câte un drum spre toaletă, fără să am nevoie, doar pentru a face puțină mișcare. Când mai era o oră până la aterizare, m-a luat și pe mine somnul. Eram nedormit de câteva zile și prea încordat ca să pot pune geană pe geană. Organismul meu nu mai rezista și îmi juca feste când nu trebuia. Când am aterizat pe *Miami International Airport,* eram epuizat din cauza zborului și picioarele nu mă mai ascultau. Era seară și briza caldă mă toropea. Peste tot erau palmieri făloși, turiști de toate națiile și culorile, iar securitatea era cuvântul de ordine. Puzderie de polițiști controlau, căutau, verificau cu minuțiozitate orice document și bagaj. Se purtau cu fiecare-n parte ca și cum ar fi avut de-a face cu un potențial terorist. Mi s-a părut cam respingătoare primirea!

A venit cineva după noi, ne-a vorbit într-o engleză aproximativă și ne-a condus până-n port, la vasul de croazieră unde urma să ne petrecem următoarele luni. Fiecare dintre noi, în autocarul Grey Hound, avea gândurile împrăștiate într-o sută de direcții. Nu mai aveam emoții și nici curiozitate. Pe mine mă stăpânea nerăbdarea începerii lucrului.

Nu știu de ce am avut un sentiment nu tocmai plăcut, de cum am intrat în țara aia...

Dar poate erau doar presimțiri nefondate...

Când visul nu seamănă cu realitatea

Portul era luminat ca ziua. Vapoarele și vasele luxoase erau aliniate ca o flotă gata de pornit în larg. Vasul nostru era imens. Mă speria puțin măreția lui, forma piramidală și lăsam capul pe spate să-i văd, de aproape, vârful. Era grandios și, pe lângă el, mă simțeam ca un purice. *„Deci ăsta mi-ești, vasule de croazieră la care visam cu ochii deschiși!"*

Nici n-am urcat bine să ne instalăm la bord, că au și început directivele. Comenzile erau aspre, singulare (nu stătea nimeni să repete un ordin) și fiecare frază se încheia cu *„În caz contrar, vă debarcăm în port și plecați acasă!".* Comandanții erau italieni, deloc îngăduitori sau răbdători. Aveau pretenții de la noii veniți să cunoască ditamai hardughia și să execute ordinele la secundă.

Ședințele de pregătire erau centrate doar pe obligații și executare. Despre drepturi nu se spunea nimic. Uitându-mă la fețele colegilor străini, mi-am dat seama că nefericirea e starea naturală a celor care lucrau pe vas.

Încercam să mă fac că nu observ elementele care dezamăgeau. Eram acolo pentru muncă și bani. Aveam nevoie să fiu puternic și să fac față întregii situații, oricare ar fi fost ea. Laurențiu ne povestise, din celelalte voiaje ale sale, cât de dificilă și solicitantă era munca noastră.

Imediat cum am ajuns pe vas, un filipinez mi-a dat un pumn. N-am realizat care era motivul. Poate că pur și simplu nu-i plăcea fața mea sau greșisem involuntar, dar „primirea" lui am înghițit-o cu greu și n-am ripostat, de frică să nu-mi creez probleme și să plec acasă pentru un mizilic ce nu merita atenție.

Se făceau des simulări de incendii sau calamități și fiecare dintre noi trebuia să se afle la postul indicat. Alergam ca șobolanii să ne ocupăm pozițiile. Cel care nu nimerea sau umbla dezorientat era automat trimis acasă. Pe coridoarele lungi și interminabile, aveai toate șansele să te rătăcești. Nimeni nu-ți răspundea unde te afli, nimeni nu te îndruma. Nu exista politețe și nici umanitate. Respingerile și nodul în papură erau ca „Bună ziua". În fiecare port rămânea câte unul sau mai mulți oropsiți care greșiseră mai mult sau care comiteau vreo infantilitate nesesizabilă, dar pentru șefii de pe vas se traducea într-o adevărată ofensă.

Nimeni nu arăta înțelegere și mai ales, ceea ce era al naibii de dureros, românii se urau între ei și se carotau mai rău decât o făceau străinii. Acolo am văzut cu ochii mei ce fel de oameni sunt unii dintre noi! Eram cu toții departe de țară și în loc să ne sprijinim, să avem o vorbă bună sau măcar să nu ne cauzăm neajunsuri, unii te loveau fără scrupule și îți doreau plecarea. Dacă unii plecau, ceilalți rămâneau să presteze mai multă muncă, ținând și locul celui expulzat și n-am înțeles de ce era ranchiuna atât de mare, când de fapt, era un dezavantaj să-ți plece colegul! Căutam să muncesc, puneam capul în pământ și nu voiam să am cu nimeni conflicte ori să fiu luat la ochi.

Eram angajat pe postul, denumit prețios, în engleză, „snack steward", adică om bun la toate, care trebuie să se miște ca un titirez și căruia puteai să-i spui „sclav mo-

Eram angajat pe postul de „snack steward".

dern". Conducerea, nici măcar n-a ținut cont să ne cazeze în camere, românii între noi. Puțin le păsa cu cine împărțeam camera! Eu am nimerit cu un filipinez alcoolic. Puținele ore când ajungeam să dorm, mi le ruina el, cântând, strigând, bodogănind în limba maternă.

După două săptămâni de experiențe îngrozitoare, Laurențiu a cerut să fie lăsat în primul port. M-a demoralizat plecarea lui și m-a băgat într-o stare de tristețe pe care o ascundeam muncind. Am rămas cu Cătălin, un tip de caracter, din Brașov, cu care mai puteam discuta și de care mă lipisem. Speram din suflet să rămânem împreună până la capăt.

Mi se năruiseră toate visele încă din primele zile. Mirajul lucrului pe un vas de croazieră se risipise de mult. Nu am trăit niciodată sub o așa presiune și nici în cea mai severă armată nu cred că e atâta asprime!

Beneficiam de două pauze pe zi, pe care, de multe ori nici nu le luam, preferând să dau cu aspiratorul în sectorul repartizat, ca să nu primesc observații. În alte zile, coboram undeva în subsolul navei, unde era barul nostru. Ca să mă odihnesc, îmi luam câte un suc, un sandwich și fără să realizez, salariul se diminua. În loc de 1.000 de dolari mai încasam 300-400. Prețurile erau imense, dar singura bucurie pe care mi-o rezervam erau acele câteva minute în barul din străfundurile navei.

La ora 5:45 trebuia să fim pe punte și mai intram în cămăruțele strâmte, numite sarcastic „dormitoare", abia la 12:00 noaptea. Nu-și poate închipui nimeni viteza cu care se lucra și kilometrajul pe care-l străbăteai într-o zi. Nici nu mai știam să merg, eram într-o fugă continuă. Scund cum sunt, mă omorau tăvile uriașe, pline, pe care trebuia să le duc de la un etaj la altul, de la un sector la altul. Toată lumea striga din toate părțile și toți erau șefi. Toți aveau același stil de a-ți arăta ușa cu degetul, adică *„Te trimit acum acasă!"*, iar tu, care te-ai îndatorat s-ajungi aici sau ai venit pe vas luând-o ca pe ultima speranță, tremurai numai la gândul că rămâi prin arhipelag, cu geanta de gât, fără bani, muncit, dezamăgit și depresiv.

Existau pe vas câțiva români care aveau posturi confortabile, bine plătite și ușor de executat: de exemplu, vânzători la magazine de suveniruri, garderobieri, crupieri în cazino, instructori de fitness sau de înot. Româncele mai frumoase, venite pentru joburi neînsemnate, deveneau amantele comandanților, doar pe considerente simple ca o cameră mai bună, un program de lucru mai lejer sau câteva sucuri gata plătite. Le priveam cu milă. Degradant trebuie să fie să te prostituezi pentru aproape nimic! Dar oricât erau de înjosite, țineau nasul pe sus, având falsa impresie că ocupă locuri speciale. În realitate, în următorul port, respectivul comandant își lua altă metresă și o abandona pe antecedenta ca pe-o măsea stricată. Vedeam toate lucrurile astea și mă înduioșau. Ca român, nu făceai doi bani! Erai monedă de schimb și orice șefuleț exploatator îți arăta talentele de stăpân.

Erau zile când cele cinci ore de somn mi se păreau cinci minute. Săream din pat teleghidat și alergam la cărat tăvi, spălat, aspirat și așezat mesele pentru micul dejun. Noi, ăștia inferiori, n-aveam voie printre oameni, de parcă îi contaminam cu holeră. Ce umilință! Aveam parte de un tratament inuman și cel mai tare mă afecta nepăsarea străinilor, superioritatea lor și lipsa de prietenie între români. Dar începusem să mă obișnuiesc cu toate și îmi doream să treacă timpul, să apară salariul, să-l pun deoparte și să strâng o sumă care să-mi permită să plec din infernul acela.

Aveam voie câte o jumătate de oră cel mult în porturi, loc unde puneam scrisori pentru acasă, îl anunțam pe frate-meu că munca pe vas e un calvar imposibil de suportat și să-și ia gândul de la un astfel de job. Era destul că mă distrugeam eu. Ca să-l fac să înțeleagă, îi scriam cum în jurul meu românii și asiaticii erau din ce în ce mai anemici, le curgea sânge din nas de la oboseala cronică, îi explicam chinul hemoroizilor, care se declanșase încă din primele zile ale sosirii pe vas și cum depresia punea gheara pe fiecare, din cauza presiunii, a lipsei de perspectivă, dar și a fricii de a nu-și putea duce contractul până la capăt. Știam că îl întristez pe fratele meu, dar voiam să știe adevărul și n-aș fi vrut să-l știu și pe el suferind. Îl rugam să nu-i spună mamei prin ce treceam și încercam să închei într-o notă optimistă, ca să nu arunc chiar o lumină sumbră asupra situației mele.

Îi povesteam despre Puerto Rico, St. Thomas, Bahamas, Mexic, ca să vadă și partea bună din toată nebunia aceea. Numai că realitatea era alta: rareori aveam voie să coborâm în porturi și dacă tot coboram, făceam ceva util, pe fugă, și nu stăteam să admirăm peisajele feerice. Niciodată nu le-am observat cu adevărat, din lipsă de stare și timp.

Când mă uitam uneori de la geam, în largul mării, îmi fugeau gândurile acasă. Mama mă vedea ca pe-un erou, un Mesia care va scoate familia din sărăcie, iar eu eram un biet salahor, captiv cu voie, pe-un vas plin de smintiți lipsiți de suflet, care nu știa cum arată finalul cursei.

Alteori, suferința celorlalți mă durea mai tare decât propriile-mi dureri. Plângeau de dorul copiilor lăsați acasă, îi oblojeam când le curgea sânge din nas sau când carnea crudă dintre degetele picioarelor le făcea mersul imposibil. Cei care veniserăm împreună, eram ceva mai apropiați și ne mai ofeream umărul pentru lacrimi sau oftatul celuilalt. Cădeam în tristețe cu rândul. Era ca un lanț care nu se oprea. Măcar unul dintre noi trebuia să fie mai stabil psihic, să-l liniștească pe celălalt, aflat la limita puterilor fizice și psihice.

Duminica, ziua care ar fi trebuit să fie cea mai lejeră, era, de fapt, ziua cea mai dificilă. Debarcau unii, veneau alții, în număr mai mare. Mâncare mai multă, băuturi mai multe, tăvi mai grele.

Încă doi români, dintre cei cu care am venit, îşi dăduseră demisia. Preferau să plece acasă. Se îmbolnăviseră şi au realizat că salariul era infim. Unii dintre ei spuneau că aceeaşi bani îi puteau câştiga şi acasă. Dar când s-a decis şi Cătălin să plece, braşoveanul meu de suflet şi omul cu care stabilisem o frăţie strânsă, m-am descumpănit complet. Era mai mare decât mine cu aproape zece ani şi îl vedeam ca pe un frate sau ca pe un tată. Am izbucnit în plâns şi i-am cerut să mă ia cu el. M-am simţit atât de singur şi năpăstuit după ce-a plecat, încât nu-mi mai vedeam rostul pe acel vas al groazei. Poate că m-ar fi luat cu el, dar avea de gând să rămână definitiv în America şi nici el nu ştia exact ce are de făcut. Se ducea în neant, fără să aibă nişte planuri. M-a sfătuit părinteşte să rămân pe vas până se termină contractul, iar eu i-am spus că sunt prea slăbit şi sătul şi vreau să termin cu munca pe vas. Aşa că mi-am propus să strâng ultimul salariu şi să cer demisia. Pentru asta trebuia să mai lucrez încă o lună.

În timpul unei mese, pe punte, am cunoscut un cuplu care mi-a arătat interes şi prietenie. Ea era româncă, el italian. Le-am povestit pe fugă nenorocirea în care mă aflam şi mi-au spus că dacă ajung vreodată prin Italia, să trec pe la restaurantul lor. Cred că, în disperarea mea, arătam atât de abătut şi sfârşit încât i-am sensibilizat fără să-mi propun. Şi ei şi lui le dăduseră lacrimile.

Eram un copil de 22 de ani, singur, muncit, complet epuizat şi care, acasă, n-avea la ce să se întoarcă. Cum nu aveam voie să facem conversaţie, mi-au lăsat, în viteză, adresa completă şi un număr de telefon. Dumnezeu încă mă iubea! Nu mă lăsa pradă suferinţei şi îmi arăta câte o cale de ieşire!

SFÂRȘITUL ÎNSEAMNĂ UN NOU ÎNCEPUT

Îmi intrase în cap să plec în Italia.

Îmi intrase în cap să plec în Italia. Mai aveam până la ziua de salariu, iar corpul nu mă mai asculta. Ca să stau o zi în pat, mi-a dat prin cap să beau o sticluță de Tobasco, să-mi inflamez în chip voluntar hemoroizii. Când m-a văzut medicul, a cerut imediat scutire pentru mine și odihnă la pat. O zi în pat! Incredibil! Să stau întins în pat fără să fac nimic...!

Într-una din zile, la pauza de jumătate de oră, m-am dus în cameră și m-am întins. Deodată cineva trăgea de mine. Dormisem două ore și nu auzisem alarma ceasului. Ce crimă, ce tragedie! O sută de amenințări au ieșit din gura șefului de sală dar, de data asta, nu mai eram atât de sensibil la degetul lui care arăta, cu obstinație, ușa. Nu m-a disponibilizat, dar m-a chinuit dublu în ultimele zile.

Ca să nu-mi meargă treburile strună, așa cum le-am gândit, salariul a întârziat două săptămâni. Eu îmi făcusem bagajul și voiam să plec cât mai repede. Când am auzit că alte 14 zile și nopți voi rămâne tot în jungla aia, am intrat într-un soi de panică. Am lucrat până în ultima zi, când aglomerația era foarte mare și personalul se rărise, din cauza condițiilor mizerabile în care se muncea.

Am anunțat din timp plecarea mea și până la aeroport am fost escortat de poliție, pentru că aveam viză doar de apă, nu și de uscat. Se poate spune că pe asfaltul american eram clandestin.

Când am coborât în Miami, de pe vas, am inspirat adânc, să simt aerul libertății și mi-am spus în gând: *„Doamne, îți mulțumesc că m-ai scăpat de iad!"*

Am plecat de pe vas cu răni în zona inghinală, cu hemoroizi, fisuri anale dureroase, cu degetele picioarelor jupuite și cu psihicul la pământ. Călcam ciudat pe sol, mergeam pe vârfuri și voiam să ajung într-o toaletă, să-mi pot îngriji rănile care supurau.

Când s-a ridicat avionul deasupra aeroportului din Miami și am văzut Atlanticul, am pus mâna la ochi și am făcut ce n-am făcut în tot timpul cât am stat pe vas: am plâns ca un copil, cu nasul în geacă, să nu mă vadă nimeni. Am adormit plângând și nu-mi doream decât să deschid ochii undeva deasupra Europei.

De ce nu i s-or fi înecat corăbiile lui Columb? Poate că așa n-ar mai fi descoperit America! Ce-mi păsa? Mă aștepta La bella Italia și o nouă viață. Auguri!

Poate că Italia îmi rezervă altceva...

După un drum obositor și după ditamai dezamăgirea americană, am ajuns în Paris, pe aeroportul Charles de Gaulle. Aveam biletul de avion plătit până în România. Nu vedeam niciun motiv pentru care m-aș fi întors acasă. Ar fi fost mai rău decât atunci când am plecat. Iar eu îmi doream să-mi scot familia din sărăcie și nesiguranță. Cu puținii bani câștigați pe vas, pe care îi aveam în buzunar, n-aș fi rezolvat mare lucru.

Ca să-mi limpezesc gândurile, am intrat în prima cafenea din aeroport. Se numea „Cafe Cubiste". Sorbeam din cafea, mușcam din brioșa pe care mi-o recomandase barmanul și priveam absent pe pereții plini cu picturi cubiste. Picasso... un nebun! Fețe din topor, cercuri, cuburi și pătrate viu colorate... unde-i genialitatea?! Mă strângeau de gât chipurile alea neterminate. Ceilalți se uitau spre ele și exclamau „Quel art!", numai eu vedeam călăi și mutanți respingători.

Ce străin mă simțeam! Un copil nebun care plecase de acasă cu gândul să facă minuni! Aveam cu mine doar curajul și speranța. Și-un amar de gânduri. Adică nimic. Mi-am scos din cap întoarcerea acasă și încercam să mă concentrez pe Italia. Ce-o fi o fi! Spre Italia! Am plătit în grabă consumația și am fugit la biroul de informații. Peste două ore aveam avion spre Milano. La fix! Nu era nevoie să pierd timp prin aeroport. Semn bun!

Mă luase frigul de la oboseală şi aveam pe mine, peste tricoul cu mânecă scurtă, doar o geacă subţire. În America era cald, în timp ce-n Europa era aproape iarnă. Cu biletul în mână, stăteam zgribulit în sala de aşteptare şi evitam să mă gândesc la ceva rău. Ştiam că trebuie să-mi găsesc de muncă şi să mă întorc acasă cu bani. Ţinta mea era clară!

Am ajuns la Milano, apoi, cu un autocar, la Varesse. Un oraş turistic, la graniţă cu Elveţia, de care m-am îndrăgostit pe loc. Am umblat câteva ore să-l colind, să-l simt, să respir prin frumuseţea aia de basm. Am ajuns la Piazza Monte Grappa, în centrul oraşului, unde am intrat prin toate bisericile şi, din curiozitate arhitectonică, dar şi dintr-un soi de dor de un loc sacru.

O mulţime de oameni vin în Varesse pentru pelerinaje la Muntele Sacru. E oraşul unde veşnic se aud clopote şi voci de preoţi în difuzoare. Am resimţit linişte şi pace în suflet mai mult ca oricând. Mă uitam prin geamurile pizzeriilor şi ale restaurantelor de lux şi vedeam numai feţe împăcate şi bonome.

Cei pe care îi cunoscusem pe vasul de croazieră din America îmi spuseseră să trec pe la ei dacă ajung vreodată prin Varesse. Au făcut o invitaţie politicoasă şi poate de complezenţă. Ba poate nu s-au gândit că voi ajunge acolo. Fără ca ei să ştie, au fost singurii care s-au arătat umani faţă de mine, iar eu i-am văzut ca pe o unică speranţă. De aceea mă aflam aici. Voiam de la ei o mână de ajutor, un sfat, o vorbă care să-mi fi fost rază de soare pe cerul plumburiu al vieţii mele.

Până să îmi fac curaj să-i sun pe noii mei prieteni, am intrat prin mai multe cafenele şi pizzerii, să întreb dacă au nevoie de ajutor. Am fost sistematic refuzat. Limba italiană n-o stăpâneam prea bine și nici nu eram prea arătos, după atâta drum, frig și emoții.

Am tras aer în piept și i-am sunat. A răspuns Laura. Ce bine! Italiana mea nu făcea doi bani. Dacă ar fi răspuns Antonio, cred că m-ar fi derutat. Ne-am găsit în piazzetta centrală a orașului și ne-am îmbrățișat. M-a privit cu un fel de milă și nu contenea să se mire c-am ajuns din America până la ei. După ce i-am povestit prin câte am trecut pe vas, mi-a întins mâna prietenește și m-a asigurat că mă cazează imediat și încep serviciul, chiar de-a doua zi. Mi-am spus eu: am pornit la drum cu dreptul! Speram ca măcar de data asta să fiu norocos. Aveam drept de ședere doar pentru trei luni. În acest timp trebuia să muncesc cât de mult puteam, să strâng bani mulți.

Antonio și Laura aveau un restaurant bine situat și bine cotat. Acolo urma să lucrez, după ce și Antonio și-a dat acordul. Mi-au dat o cameră micuță, cam sumbră și minim utilată, dar mi-era de-ajuns. În seara aia am adormit fără să știu când. Mă ajunsese o cruntă oboseală și cumulul de emoții mă apăsa ca o greutate. Aveam nevoie să mă spăl și să dorm.

Prima zi de lucru a fost ca orice început: dificil și dezarmant. Era vremea când trupa O-zone rupea topurile muzicale cu „Dragostea din tei", la radioul italienilor numai asta se cânta și toți italienii care veneau să mănânce fredonau stângaci cuvinte românești, dintre care numai „Picasso" și „beep", se înțelegeau cel mai bine. Am făcut cunoștință cu câțiva dintre clienții obișnuiți ai restaurantului și mă străduiam să nu dezamăgesc pe nimeni.

Mă împrietenisem cu Luigi, un ospătar italian.

Programul începea la ora 9:00 și la 12:30 aveam pauză. Era pauză pentru toți... dar nu și pentru mine. Eu rămâneam să fac *mise-en-place*-ul, să fac curat în tot restaurantul și să pregătesc totul pentru prânz, când aveau să vină puhoaiele de clienți de toate soiurile. Luau masa muncitori albanezi, italieni constructori și oameni stilați din birouri. Seara se serveau fructe de mare, pizza, paste de o mie de feluri și vinuri fine.

Stima mea de sine era încă la cote minime. Eram dezamăgit de propria persoană și nu vedeam cum o să-mi realizez visul de a duce bani acasă. Mă împrietenisem cu Luigi, un ospătar italian, sonat, cu care ieșeam des prin oraș. Mă lipisem de el, mi-era simpatic cu nebuniile lui. Ieșeam împreună în zilele libere sau pe seară. Se droga Luigi al meu de parcă era furnal. Politicos, mă invita și pe mine, dar n-am acceptat niciodată. M-am ferit de vicii și nu m-au atras niciodată, pentru că așa-mi propuneam să fac. Trebuia să am mintea clară ca să-mi pot atinge scopurile.

Mi-a promis că mă duce la un meci pe San Siro. S-a ținut de cuvânt. Mi-a luat bilet la AC Milan – Spartak Moscova și, microbist cum eram, disperat după fotbal, am zis că am ajuns în Rai. Suporterii italieni erau mascați, echipați cu tricourile milanezilor, cu pălării caraghioase, trompete și steaguri. Ne-am așezat chiar în zona galeriei, iar eu și Luigi strigam împreună cu ei. A fost una dintre serile în care am uitat de tot ce mă întrista. Aveam dreptul la fericire, măcar pentru două ore. Îmi mușcam pumnii la fazele în care golul era aproape și Luigi al meu, suporter milanez înflăcărat, mă încuraja și el. Finalul meciului a fost favorabil nouă și am pornit astfel, cu fericirea-n vene, prin baruri: eu o țineam pe apă, suc și cafea, el – pe bere. Seară valabilă de băieți! Ce frumoasă-i viața când reușești să te desprinzi de gânduri!

Nu aș putea spune că la restaurantul Laurei era o muncă titanică. Față de ce trudisem pe vas era parfum de primăvară. Numai că nu mă plăteau, nu aveam un salariu fix. Săptămânal îmi dădeau 50 sau 100 de euro, din care îmi cumpăram țigări, dulciuri... nu-mi ajungeau și nu mă puteam baza pe ei. Eu nu voiam să supraviețuiesc; voiam bani adevărați, să am pentru acasă. Am crezut că ei au înțeles pentru ce mă aflam acolo, care era interesul meu. Le povestisem ce calvar îmi era viața, dar ei au înțeles ce-au vrut și au empatizat mai puțin. Eram tot abătut, căci nu aveam motive de bucurie. Mare lucru nu făcusem: găsisem un job prost plătit, o cameră obscură, alergam prin restaurant ca la maraton și aveam două mese pe zi.

Tonia era simpatică, feminină și era îndrăgostită de mine.

Într-o seară, la una dintre petrecerile pe care le dădeau Antonio și Laura, printre invitați era o tipă care se tot uita la mine. Mă simțeam excesiv privit, căci tipa nu-și mai lua ochii. Se vedea că e mai în vârstă, dar avea un aspect plăcut. Îmi zâmbea din când în când și eu, stângaci, mă emoționam până-n vârful urechilor. În timp ce alergam printre mese, ducând diverse comenzi, m-a oprit și m-a întrebat cine sunt. I-am spus pe fugă ce-i cu mine și ea, îndrăzneață, mi-a cerut o ieșire în oraș. Am acceptat-o imediat, fără să mă gândesc. Era plăcut pentru mine ca după atâta timp să mă observe cineva și să mă placă. Ce-aveam de pierdut dacă ieșeam? Oricum serile mele erau solitare, lipsite de esență. A trăi însemna pentru mine a munci și atât.

O chema Tonia și am ieșit împreună la un restaurant elegant din centrul orașului. Părea mai frumoasă la lumina candelabrelor de cristal. Purta o rochie roz nude și pantofi bej, de lac. Sub braț avea un plic bej pe care scria „Gucci". Își aranjase părul în stil adolescentin, cu niște cârlionți rebeli pe gât și nu-și lua privirea din ochii mei. Mă intimida oarecum, dar mă simțeam bine. Eram un copil de 22 de ani, băgat în corzi de-o tipă cu 20 de ani mai în vârstă. Fusese căsătorită și, oficial, era încă, pentru că nu încheiase divorțul.

Eram curios ce văzuse la mine și de ce mă fixa atât și mi-a zis că am ochii fostului iubit, care a murit, lovit de-un infarct, în baie. Doamne, ce imagine! În baie... mort... iar eu aveam ochii lui... Morbidă asociere!

Tonia era simpatică, feminină și era îndrăgostită de mine. Plutea în eter și se juca în păr ca o copilă diafană. Se amuza de greșelile mele, mă corecta și după fiecare greșeală îmi spunea că mă place oricum, cu limbajul meu rudimentar cu tot. Am stat în prima seară la masă și eu, care, de obicei, nu mâncam, dar atunci mi se făcuse foame. Băgam serios în mine, fără să fac pe snobul. Ea nu se sătura să se uite cum înfulec. Avea o grijă maternă și ținea să mă vadă sătul și fericit. Era exact ce-mi lipsea: atenție, protecție, admirație.

După prima întâlnire, cuminți, am plecat fiecare la casa lui. Dar după a doua întâlnire, Tonia n-a mai procedat la fel: m-a dus acasă la ea, mi-a pus la dispoziție halat de baie, o cină frugală, o muzică de jazz clasic și un pat acoperit de lenjerie bleu, din mătase. Paharul de vin alb, napoletan, pe care îl băusem, mă euforizase și jucam exact așa cum voia ea, fără să-mi pun prea multe întrebări.

A fost o noapte furibundă, explozivă și Tonia se arăta din ce în ce mai fericită că ospătarul de 22 de ani pe care l-a cunoscut în restaurant nu era chiar un novice într-ale dragostei. Din când în când, Tonia sorbea din paharul de pe măsuța din sticlă și era tare incitantă, cum stătea pe pat, complet dezbrăcată, cu paharul în mână! Spunea „Te iubesc" la fiecare cinci minute, iar eu aș fi vrut să-i răspund la fel, dar n-o puteam minți și, din principiu, nu mă joc cu vorbe mari, dacă nu le simt. Tonia era doar nevoia acută care mă chinuise și acum, prin ea, o acoperam. Dar nimic mai mult. Ea se mulțumea cu atât și nu cerea imposibilul.

De dimineață m-a trezit lasciv, sărutându-mi fața. Credeam că mă trezește să-mi spună să mă îmbrac și să plec. Dar ea mi-a adus la pat, pe-o tavă încrustată, din argint, o ceașcă de capuccino, două brioșe și un fresh de portocale. A spus că pleacă la serviciu și vine seara târziu. Mi-a lăsat cheile casei și mi-a spus că în frigider găsesc mâncare, dacă o să mai vreau.

Era curajoasă! Să lași casa pe mâna unui român pe care abia l-ai cunoscut, cu care ai petrecut o noapte... cred că îi inspirasem încredere deplină. În ochii ei, nu eram unul dintre românii puși pe infracțiuni, pe care îi arătau la știri. Nu mă putea asemăna cu cineva rău intenționat și asta era măgulitor pentru mine.

Din noaptea aia am rămas la ea. Nu mi-a mai dat voie să plec. Mergeam împreună în excursii, la restaurante, ieșeam la filme și luam masa cu prietenii ei. Ea era mândră să mă prezinte familiei și apropiaților. Mie mi-era indiferent. Ca român, cu mentalitate tradiționalistă, eu zic că eram un cuplu atipic. Diferența mare de vârstă era vizibilă de la o poştă. Dar italienii, oameni cu gândire liberală şi mentalitate deschisă, libertină, văd doar partea de fericire şi împlinire, fără să socotească anii din buletin. Doar familia Toniei, văzând-o cât e de exaltată de prezenţa mea în viaţa ei, au atenţionat-o că e prea mare diferenţa dintre noi şi că suntem nepotriviţi. Ei nu-i păsa de sfaturile nimănui. Ţinea cu orice preţ să mă oprească în Italia, lângă ea. Se apropia, deja, sfârşitul perioadei de trei luni, atât cât era îmi era legală şederea în Italia.

Controalele carabinierilor se înteţiseră, românii veneau în peninsulă pentru infracţiuni şi italienii, mai fascişti decât nemţii, nu-şi doreau est-europeni prin preajmă. Aveau şi ei dreptate: albanezii, africanii şi italienii din sud, oricum le creau destule neplăceri. Chiar îi spuneam Toniei că italienii sunt un popor răbdător şi tolerant totuşi, având în vedere câte nelegiuiri făceau pe-acolo străinii.

Ce nu-mi plăcea mie la italieni şi mă obosea cumplit era felul lor gălăgios de a vorbi. Încă de la primele ore ale dimineţii, în restaurantul unde lucram era larmă. Italienii sunt pătimaşi în discuţie şi pentru un subiect minuscul, ridică tonul, gesticulează, se agită. De multe ori, îmi venea să mă duc în dormitorul Toniei, să fug la ora prânzului, numai pentru linişte.

Tonia, spre deosebire de italiencele neîngrijite şi neglijente cu propriul aspect, era ireproşabilă. Mi-era drag că era cochetă, chic şi mereu asortată. Nu ştiu dacă era aşa dintotdeauna sau doar acum, pentru că era atât de îndrăgostită de mine şi dădea pe afară de exuberanţă. Era în stare să facă orice pentru mine.

I-am creat și neplăceri. Avea Tonia o mașină frumoasă pe care voiam neapărat s-o conduc. Și am cerut-o, fără să iau în calcul neplăcerile pe care le puteam produce. Era o nimica toată să conduc un kilometru-doi, până la restaurantul unde aveam de gând să cinăm. După nici o sută de metri, au apărut carabinierii, ne-au somat să coborâm și ne-au cerut actele. Am pus-o într-o postură proastă. Era speriată și a trebuit să-mi ia apărarea și să mă disculpe. Și-a asumat toată vina. Eu n-aveam permis de conducere, iar din viza mea de rezidență mai rămăseseră doar câteva zile. Numai datorită insistențelor ei, carabinierii au ignorat evenimentul. Se descurcase onorabil, deși era o tipă care nu avusese de-a face cu poliția niciodată. Atât de tare își dorea să mă salveze și să nu mi se întâmple nimic, încât și-a asumat întreaga vină, de parcă îmi pusese pistolul la cap, iar eu, imaculatul, am condus mașina sub teroare.

Tonia intra în panică ori de câte ori îi aminteam că trebuie să mă întorc în România. Căuta orice posibilitate de a-mi face șederea legală în Italia. S-a interesat pentru condițiile de adopție. Dar depășisem vârsta de 18 ani; era deci, imposibil. Mai rămăsese o variantă: căsătoria. Numai că Tonia și fostul soț, de care se despărțise în fapt de zece ani, nu erau divorțați legal. Ar fi durat o grămadă de timp divorțul lor și ar fi fost foarte costisitor pentru ea. Iar eu nu aveam nici timpul și nici dreptul legal de a mai rămâne în Italia.

Am muncit în fiecare zi, pe perioada șederii mele în Italia, în frumosul oraș Varesse, dar n-am avut norocul să am un salariu cât de cât decent. Plecam acasă fără bani, aproape la fel de sărac cum plecasem în urmă cu 6

SFÂRȘITUL ÎNSEAMNĂ UN NOU ÎNCEPUT

luni din România. Sufeream pentru asta și îmi părea rău că nu am putut face mai mult pentru situația noastră de-acasă.

Când l-am sunat pe tata, l-am găsit abătut. Părinții lui erau bolnavi și se plângea că nu avea bani ca să-i poarte la doctori, iar dacă se întâmpla vreun necaz mai mare, n-avea cu ce să-i îngroape. M-am întristat brusc și Tonia mi-a văzut ochii umezi. N-aș fi vrut să-i povestesc, să mă plâng de orice neajuns. Nu voiam să fiu ca un copil care plângea din orice. Ea voia să știe totul despre mine, tot ce mi se întâmpla. Astfel i-am povestit cum stăteau lucrurile. A doua zi mi-a lăsat câteva sute de euro să le trimit acasă. Tonia, cu altruismul ei, mă lăsa fără cuvinte. Cred că am reușit să spun un simplu „Mulțumesc", dar aș fi vrut să-i spun cât de impresionat sunt și că nimeni n-a fost atât de bun cu mine. Poate Mioara, prietena noastră... care fusese în stare de orice pentru mine.

Îi povestisem Toniei cum rămăseserăm pe drumuri, cum am pierdut totul și condițiile în care locuiau ai mei. S-a înduioșat și ar fi vrut să facă totul pentru fericirea mea. Mă ducea în magazine de firmă și-mi arăta țoale ochioase, moderne, dar eu refuzam de fiecare dată ofertele. N-am lăsat-o să-mi cumpere nimic. Făcea destule pentru mine și uram statutul de „întreținut". Când a văzut cum mă plătește Antonio, prietenul ei și șeful meu, i-a cerut socoteală. S-a certat cu el și i-a spus că-l reclamă pentru exploatare. Ce nebună! Aveau o prietenie de-o viață și n-avea niciun rost să-și îndepărteze prietenii pentru mine, dar ea, războinică, se lupta pentru drepturile mele. O durea nedreptatea care mi se făcea, mai mult decât mă durea pe mine.

Ca să mă facă să uit de situațiile acelea, într-una din zile m-a dus într-un salon de coafor. Credeam că intră la aranjat părul, iar eu trebuia s-o aștept. Ți-ai găsit! Tonia făcuse programarea pentru mine și când stilistul m-a invitat pe scaun, m-am speriat. Ce să caut eu la un stilist pentru femei? Și-l văd cu petice de staniol, cu oxidant și vopsea... mi-a făcut șuvițe, aproape fără voia mea. Stăteam ca un mielușel să văd ce se întâmplă. Începuse moda platinării și la bărbați și Toniei îi plăcea ideea, chiar mi-o spusese, dar nu mi-am închipuit că eu voi fi vreodată protagonistul. La final, mi-a plăcut. Nu-mi stătea rău și chiar aveam nevoie de o schimbare în aspectul meu, fie doar și pentru simpla mea stare de bine. Ei îi plăcea și, în drum spre casă, mă ciufulea și-mi spunea „Quanto sei bello!", de parcă eram vreun manechin de elită.

Am muncit în fiecare zi în Italia, în frumosul oraș Varesse.

SFÂRȘITUL ÎNSEAMNĂ UN NOU ÎNCEPUT

În ziua când am plecat mi-a dat, într-un săculeț negru de catifea, tot aurul ei. Erau acolo bijuterii ale familiei, aur cumpărat de ea ca investiție și tot ce îi era ei drag. M-a impresionat, dar m-a și speriat gestul ei exagerat, pe care l-am refuzat categoric.

Mi-a cumpărat bilet la tren și m-a condus la gară, sfâșiată de suferință. Am stat amândoi, tăcuți, în sala de așteptare. Plângea înăbușit și mâinile îi tremurau. Țineam la ea și îmi părea rău că o las suferind. Era un suflet nobil, care mi-a arătat numai încredere, iubire și devotament. Dar, din păcate, n-o iubeam așa cum ar fi meritat.

Când mi-a fost anunțat trenul care mergea spre Budapesta, de acolo urmând să schimb cu unul românesc, Tonia era aproape de leșin. Am urcat pe scările compartimentului și atunci, din nou, mi-a întins săculețul de catifea cu bijuterii și mi-a spus: *„Ia-le tu! Ai mai multă nevoie decât mine!"* Colosal om! N-am avut puterea s-o refuz. Își dorea din toată inima să știe că-mi face bine, până la capăt.

Trenul pleca lent din gară. Tonia, înmărmurită de durere striga: *„Să nu mă uiți! Te rog, să nu mă uiți!".*

Flutura eșarfa roz nude cu bej, pe care o scosese de la gât. Roz nude cu bej erau și culorile cu care am văzut-o în prima seară, la restaurant...

Spre casă, fără niciun elan

M-am trântit în scaunul de la geam. Eram singur în compartiment și asta mă bucura. Aveam nevoie să plâng, să vorbesc singur, să mă trag de cap sau să rămân pe gânduri, fără să fiu nevoit să-mi controlez gesturile. Aveam cu mine ceva peste o mie de euro, o pungă cu bijuterii care nu știam cât valorează, un corp înăcrit de muncă și un suflet terfelit.

Lăsasem în urmă America, cu toate dezamăgirile pe care mi le produsese, lăsasem în urmă Italia, cu Tonia cu tot. În șase luni mi se întâmplaseră multe, viața mă supusese unui conglomerat de sentimente și am reușit să trec prin toate doar datorită ambiției pe care mi-o impusesem atunci când am plecat de acasă.

Tonia mă învățase o mulțime de lucruri și de la ea am învățat să nu măsor totul în bani. Eram fericit că am cunoscut-o și că am avut ocazia să mă maturizez frumos alături de ea. Mi-a cizelat purtările, mi-a arătat altă latură a vieții și m-am simțit, cu adevărat, iubit. Dar era un capitol care din start nu avea decât final dramatic. Am știut că nu mai pot rămâne în Italia fără acte și am fost conștient că niciodată n-o voi putea iubi. De aceea nici nu i-am promis sentimente înălțătoare. O auzeam cum striga să n-o uit. Cum s-o uit? Cum aș putea?! A dăruit atât și n-a avut pretenția să primească nimic. Astfel de lecție nu mi-e dată de prea multe ori în viață.

SFÂRȘITUL ÎNSEAMNĂ UN NOU ÎNCEPUT

Trenul înainta spre Ungaria și, odată cu el, gândurile mele deziluzionate. Cu fiecare gară cu care m-apropiam de România, îmi cream involuntar o stare de nemulțumire și decepție. Îi convinsesem pe ai mei că eu sunt colacul lor de salvare. Le cerusem răbdare și încredere și veneam acasă, după 6 luni, fără niciun rezultat izbăvitor.

Mi s-a făcut deodată dor de biserica mea. Simțeam nevoia să îngenunchez, ca altădată, lângă altarul „Doamnei Ghica"! Asta o să fac când voi ajunge acasă. După aia, mai văd eu. Cine știe ce-mi mai rezervă viața?! Am văzut pe propria piele că norocul meu nu era departe de casă, în străinătate.

Casă, dulce casă

Când am ajuns, am găsit unele schimbări care m-au bucurat, altele, dimpotrivă. Mama și frate-meu se mutaseră din ruina aia, undeva pe strada Silviei, într-un apartament și aveau oarece confort. Frate-meu era deja student la ASE. Renunțase la munca din Nesscafé și jongla cu cocteiluri într-un club de noapte. Ziua învăța, noaptea lucra. Era terminat și el, dar dădea înainte fără să se plângă prea mult. Avusese grijă de mama și reușise să-i ofere, între timp, ceva mai mult.

Nu mă pusese nimeni la zid și nu mi se reproșase insuccesul, dar eu încă mă simțeam înjosit de situație. Ai mei au apreciat dorința mea înverșunată de a-i scoate din sărăcie, iar frate-meu mă vedea ca pe-un erou. Adevărul e că n-am venit cu bani, dar am acumulat atâta experiență și atâtea trăiri, încât pot spune că a meritat, cu prețul totalei dezamăgiri de care am avut parte! Am fost umilit, exploatat, ignorat, iubit. Am învățat, am tăcut, am ascultat, am plâns, am suferit. Trăiri, stări, emoții, sentimente care m-au maturizat...

Bunicul, pe care îl iubeam și îl admiram din copilărie, de parcă m-ar fi așteptat, la câteva zile după sosirea mea acasă a suferit un atac cerebral. Când m-am dus la spital să-l văd, se agita de parcă voia să-mi spună ceva și irisul ochiului, altădată verde ca smaraldul, acum devenise un kaki spălăcit. L-am îmbrățișat cu toată mila și considerația din lume și îi tot spuneam în ureche încurajări și minciuni, cum că: *"A zis doctorul că te faci bine în scurt timp"*, *"Te mai las aici o săptămână, apoi vin să te iau și mergem la o plimbare pe bulevard"*... Voia să râdă, dar îi ieșea doar un rictus și mă durea inima să-l văd așa neputincios. Medicul i-a limitat existența la câteva zile, dar înclinam să cred că exagerează. Pentru mine, tataie era un stejar greu de doborât.

După alte câteva zile, a murit în spital. Am văzut atunci cât de mult l-a iubit bunica. Suferea teribil când s-a trezit singură. La înmormântare, tata a apărut cu Mihaela, iubita lui. Erau nepotriviți și nu vedeam rostul pentru care femeia aia se afla acolo, într-un moment atât de sobru. Bunica, cu toată suferința ei, a găsit momentul perfect pentru a repara ce era de mult deteriorat și părea fără șansă de revenire: mi-a reunit părinții, aducând argumente solide, de netăgăduit. *Mamaie, câte mi-ai pricinuit tu mie, acum sunt dispus să uit totul! Nu puteai să-ți reabilitezi imaginea în fața mea mai bine!*

Ai mei și-au refăcut relația, au dat uitării tot ce se întâmplase. Au demonstrat că pot acționa matur și-n interesul tuturor. Dar n-o făcuseră de gura cuiva. Erau chiar fericiți împreună. Depănau amintiri, povesteau, se apreciau reciproc și uneori, în treacăt, se pupau. O făceau de parcă se electrizau, dar era un început și asta era important.

Mi-era cu neputință să stau fără să muncesc și am bătut din nou în ușa Liubei, la Nesscafé. Liuba m-a reprimit și m-a asigurat că suntem prieteni și până îmi găsesc altceva, mai serios, pot lucra la ea. Și-am reînceput vechiul serviciu, la vechea masă unde-mi citeam gazetele sportive. Mi-era drag locul ăla și-mi era familiar.

Avea ceva pozitiv, ceva din atitudinea Liubei, care avea soare în priviri și-n suflet, indiferent de ce i se întâmpla.

Mai vorbeam la telefon cu Tonia, deseori o sunam și voiam să știu ce face și cum îi este viața. Dar, cu timpul, subiectele noastre s-au redus la simplul: „Ce mai faci?", „Bine, mulțumesc." Se răcise relația de la sine, potrivit proverbului: „Ochii care nu se văd, se uită". Mă bucuram că și-a revenit și că nu i-am cauzat suferințe prea mari. Era deșteaptă și matură; știa să ia lucrurile așa cum erau. Îmi aminteam mereu de ea, cum mă ciufulea *„Sei bello, quanto sei bello!"*

Într-o zi cu soare, când fără niciun motiv îmi venea să dansez de bucurie, o blondă interesantă a intrat pe ușă și s-a așezat la masa din colț. Nu m-am dus direct să iau comanda. Voiam s-o enervez puțin, să am ocazia s-o cunosc. Era o apariție, era ceva ce mi-a atras atenția de când a atins ușa cafenelei. Mi-am spulberat orice emoție, încurajându-mă și m-am dus s-o salut și să aflu ce-ar sorbi cu gurița aia creionată. Era mai volubilă decât mă așteptam. O chema Dana și era cu 3 ani mai mare decât mine. Era o diferență nesesizabilă, căci Dana avea un chip frumos, serafic de-a dreptul.

Am convenit să ne întâlnim când ies din schimb și m-a așteptat în pasaj. Am mers împreună într-o cafenea cochetă, care ne oferea destulă intimitate. Era dornică să vorbească. Lucra la o companie de marketing și pusese pe masă câteva mape cu documente, pe care le avea în lucru. Era abătută de muncă, de probleme personale, de singurătate... mi-a povestit repede, pe scurt, situația în care se găsea. Povestea frumos, duios și mă vedeam bărbatul care-i era necesar, umărul pe care trebuia să se sprijine.

SFÂRŞITUL ÎNSEAMNĂ UN NOU ÎNCEPUT

N-am apucat să spun mare lucru despre mine. O lăsam să-şi expună viaţa toată, actualitatea, orice ţinea de fiinţa ei. Când povestirea ei avea accente tragice, îi apucam mâna şi i-o strângeam, drept încurajare. Ne-am plăcut repede şi aveam, fiecare dintre noi, carenţe de afecţiune.

Povestea ei era tristă şi îmi plăcea că are încredere să mi-o povestească mie. A spus că-i inspir încredere şi exact asta voiam. Am aflat astfel că a copilărit în Colentina, nu departe de Doamna Ghica, unde am copilărit şi eu, era divorţată şi avea o fetiţă de câţiva anişori, pe care o chema Ramona. Despre fostul soţ vorbea în termeni politicoşi.

Ne-am întâlnit de câteva ori în oraş şi ea nu m-ar mai fi lăsat să plec. Mă ţinea de vorbă şi îmi povestea, fără să-i cer, tot ce făcea. Eram deja parte din viaţa ei şi entuziasmul ei mă speria. Capitulam uneori. Mi-era teamă să mă avânt în relaţie, să-i dau speranţe pentru cine ştie ce viitor pe care ea şi-l închipuia. Aş putea spune că în faza de început, Dana mi-a captat doar atenţia şi simpatia, dar n-am fost atât de îndrăgostit, cum mi se întâmplase altădată, în alte relaţii. Poate că asta a fost o provocare pentru ea şi dacă tot ne întâlneam zilnic, ideea ei a fost să locuim împreună, acasă la ea.

I-am cunoscut familia, care nu mi-a arătat un sentiment de simpatie chiar de prima dată, dar peste ceva timp au acceptat relaţia şi m-au plăcut. Fetiţa Danei, Ramona, era un îngeraş de care mă lipisem imediat de cum o văzusem. Mă jucam cu ea, mă puneam la mintea ei şi făceam ca toate lighioanele pământului. Eram pentru ea leu, urs, mâţă turbată, Tom şi Jerry, maimuţă cățărătoare, vânzător la magazin. Eram tot ce voia ea să fiu. O adormeam, o hrăneam, o îmbrăcam și îi făceam codițele pe care le vedea la Barbie Girl. Ne divinizam reciproc și Danei îi convenea de minune relația noastră.

Mă lipisem de familia ei mai mult decât mi-aș fi închipuit și sentimentele mele pentru ea începuseră să prindă alt contur decât cel inițial. Dacă la început nu eram înflăcărat de această relație, locuind împreună și împărțind tot ce aveam, m-am atașat enorm, spre nenorocul meu. Dana începuse să se întristeze, iar eu nu știam sursa supărării ei. Știam că se mai întâlnește cu soțul ei, că discută despre copil și mi se părea absolut normal, dar aveam o senzație de teamă și ușoară gelozie. Mă chinuia gândul că se întâlnesc, dar dintr-o inexplicabilă îngăduință, închideam ochii.

Părinții mei nu erau de acord cu relația asta și îmi reproșau vârsta Danei, de parcă erau între noi decenii. Și nici existența Ramonei nu le convenea. Tata avea un discurs perimat, care nu mă convingea: *„Crești copilul altuia"* și *„Alta mai bătrână n-ai găsit?"*. Nu-mi păsa de reproșurile lor. Eu începusem s-o iubesc pe Dana și nu vedeam viitorul fără ea. Încercam din răsputeri să fac abstracție de întâlnirile ei cu fostul soț, dar se fixaseră acolo-n mintea mea și-mi produceau o paranoia vecină cu sufocarea.

Într-una din zile, părinții Danei s-au gândit să-i invite pe ai mei la un grătar și eu am jubilat la ideea lor. Era ocazia perfectă să-i conving de contrariul părerilor pe care le aveau. Și-am avut dreptate: pe Dana au îndrăgit-o imediat și, în câteva minute, pe cine ținea tata pe genunchi?! Pe Ramona, care îi recita poezii de la serbare și îi povestea despre personajele Cartoon Network, pe care le urmărea cu interes. Țineam ca părinții mei s-o placă pe Dana și familia ei, dar nu era crucială opinia lor. Niciodată, atunci când a fost vorba de-o relație de iubire în care am fost implicat, nu le-am cerut părerea. Aleg ce vreau și fac ce vreau când e vorba de iubire!

Toate păreau că s-au așezat și am crezut că nimic nu se mai putea întâmpla și nu avea cum să mai apară nicio surpriză care să strice bunul mers al relației noastre. Dar n-a fost chiar așa... Într-o zi, când eram liber și rămăsesem acasă cu Ramona, în timp ce ne alergam prin bucătărie, îmi sar în ochi niște foi scrise de Dana, puse pe frigider.

Era o scrisoare pe care a omis s-o ascundă-n geantă și-apoi s-o trimită sau s-o dea fostului soț, personal. Acolo îi spunea că îl iubește încă și că îl dorește din nou în viața ei. Acum îmi explicam tristețile ei repetate. Eram împreună de doi ani, locuiam în aceeași casă și nu știam nimic din toate astea. Mă simțeam trădat și umilit. N-am înțeles de ce m-am lăsat purtat în povestea ei și de ce am crezut tot ce mi-a servit.

Aș fi vrut să mă iubească doar pe mine și să ne continuăm povestea, dar, așa rănit cum eram, am așteptat-o să vină de la serviciu și i-am spus că i-am găsit scrisoarea. N-a fost prea mirată și nici n-aș spune că s-a sinchisit. Era ca și cum voia s-o găsesc. A încercat să se apere cu scuze ieftine, la care mă așteptam, de tipul: *„Să știi că îl vreau înapoi doar de dragul Ramonei..."*. Se vedea că minte și mă irita că nici acum, în ultimul ceas, nu-mi spunea adevărul. Credea probabil că o să fiu ușor de manipulat, să-i cred toate motivațiile infantile și lipsite de orice temei.

Cu toată durerea-n suflet, am plecat și mi-a fost teribil de greu să mă despart de Ramona și de familia ei, care-mi devenise atât de apropiată. Doi ani au fost parte a vieții mele și am venit în casa lor cu gânduri sincere și bune. Dacă nu mi s-a răspuns la fel, nu era vina mea. Într-un fel, nu era nici vina ei. Iubirea e iubire și nu se poate reproșa. Mi-era clar că-n tot acest timp cât au fost despărțiți, ea n-a încetat niciodată să-l iubească. De mine s-a servit, crezând că va acoperi o iubire cu alta nouă. N-a reușit. Cel care ieșea învins din asta eram eu.

Am plecat din casa unde stătusem doi ani. Mergeam încet, crezând că mă strigă, că mă cheamă înapoi. Nu s-a întâmplat asta și nici în zilele următoare nu m-a sunat, așa cum speram. Își cunoștea exact drumul și a renunțat ușor la mine. Poate că nici n-a luat în calcul suferința mea. O interesa reconcilierea cu fostul soț.

După ce m-au încercat, câteva zile, acute sentimente de ură și furie, am ajuns la concluzia că ăsta e destinul și i-am urat, în gând, numai de bine. Speram din suflet să fi făcut o alegere bună.

O nouă provocare: salonul de coafură

Nu mă vedeam toată viața ospătar sau barman. Le consideram munci de tranziție. Până găseam ceva serios și de viitor, ospătăria era meseria perfectă. Dar mie nu-mi mai spunea nimic. Și brusc m-a lovit ideea de a deveni frizer. Cochetasem de copil cu părul altora, cu al meu, cu frezele geluite și perciunii în colț pe care îi reușeam din foarfecă. Și-i povesteam fratelui meu noua mea „revelație". El avea un amic care lucra la societatea (fostă cooperativă, în vremea comunistă) „Igiena". Mi-a aranjat o întâlnire cu el și acesta mi-a răstălmăcit ideea în fel și chip, ca până la urmă să mă facă să înțeleg că *„Banii sunt la femei, ascultă la mine! Fă curs de coafură!".* Am cântărit sfatul lui și i-am dat dreptate, în cele din urmă. Cu entuziasmul la purtător, m-am dus și la prietenul meu, Răzvan, care s-a molipsit de această perspectivă, numai că el nu s-a gândit la salonul de coafură ca la o viitoare meserie, ci ca la un loc *„unde vin gagici"*.

Mă interesa ca această meserie să-mi confere libertate, creativitate, bani și, mai ales, ceea ce era mai important, să-mi placă ceea ce fac. Și am început cursul pentru o perioadă de trei luni. Lucram și la Nesscafé și alergam ca un bezmetic la cursuri. Eram într-o continuă fugă. Voiam să nu pierd nimic, să-mi însușesc toată teoria, dar eram nerăbdător să încep și practica în salon.

Voiam să fiu acolo, cu mâna-n păr și să fiu lăsat să fac ce vreau eu. După o lună, prietenul Răzvan a cedat, când a văzut că nu plouă cu gagici și a realizat că nu-i o meserie care să-l caracterizeze.

După o lună, Răzvan a realizat că nu-i o meserie pentru el.

Spre deosebire de mine, care am fost frapat din prima clipă de coafură. Îmi cumpărasem foarfece, föhn, perii de ceramică de diferite mărimi, piepteni și orice femeie o găseam disponibilă, o tundeam și o coafam. Lumea spunea că am îndemânarea unui stilist vechi, cunoscător și asta îmi dădea curaj să merg mai departe pe drumul proaspăt ales.

Cursurile care ni se predau nu m-au învățat mare lucru, dimpotrivă, dezamăgeau prin slaba calitate. Se întâmpla să alerg cu sufletul la gură, s-ajung la ore și să se amâne sau să se renunțe la câte o materie, pe parcurs. Dar nu m-am dezarmat și am mers în direcția asta, pe care o vedeam cea mai bună cale pentru viitorul meu. De altfel, renunțasem și la munca din cafenea, ca să mă de-

SFÂRȘITUL ÎNSEAMNĂ UN NOU ÎNCEPUT

dic în totalitate muncii de coafor. Îmi cumpăram reviste de styling, trăgeam cu ochiul peste tot și eram dispus să învăț orice ținea de părul femeii. Liuba mi-a apreciat dorința de evoluție profesională și a fost fericită pentru mine. Am plecat de la Nesscafé în termeni amicali și politicoși. N-am simțit niciun regret pentru munca pe care o făcusem atâta timp acolo și vedeam totul ca pe-o nouă șansă, o nouă etapă.

După terminarea cursului, am găsit un salon în Colentina, care m-a acceptat să lucrez, începător fiind. Îmi plăceau locul și colegele, dar orizontul era limitat și lume lipsită de pretenții. Eu voiam TOTUL! Voiam un salon de marcă, produse de înaltă clasă, clientelă cu ștaif. Voiam să stau lângă cei mai buni și să nu fac rabat de la calitate!

Într-una din zile, cum treceam prin pasajul Universității, m-am reîntâlnit cu Liuba. Din vorbă în vorbă, m-a întrebat cum merge cu coaforul și i-am spus că lucrez undeva, într-un salon de cartier, dar că mi-aș dori mai mult de atât. Și Liuba, fără să se gândească, m-a intro-

Am fost frapat din prima clipă de coafor!

dus coafezei ei personale, Rodica Cernea, ucenică silitoare de-a Getei Voinea, care avea salonul chiar la Lido. Mi-a aranjat o întrevedere cu Rodica și de aici era treaba mea s-o conving că sunt bun, că îmi doresc să fiu mare și că voi fi supus.

Imediat cum m-a văzut Rodica, a apreciat înflăcărarea cu care vorbeam și solicitările mele erau minime: îi ceream să mă lase să lucrez în salonul ei, să nu fiu plătit și să nu-mi dea zile libere. I-am spus că vreau să muncesc șapte zile pe săptămână și că o rog să mă învețe ceea ce implică meseria de stilist. I-am spus că vreau să ajung cel mai bun și că nu glumesc.

Suna ca un vis feeric. Eu, la Intercontinental?!

Cred că i-am părut ori simpatic ori sărit de pe fix, dar patima cu care vorbeam a făcut-o să nu mă poată refuza. A fixat ziua începerii lucrului și a explicat planul ei de viitor: peste nici o lună, urma să mute salonul la Hotel Intercontinental. Deja suna ca un vis feeric din care nu voiam să mă trezesc. Eu, la Intercontinental?! Eram încă în relația cu Dana și când am ajuns acasă, i-am spus ves-

SFÂRȘITUL ÎNSEAMNĂ UN NOU ÎNCEPUT

tea și săream amândoi până în tavan de fericire. Dana îmi aducea colege de-ale ei să le aranjez, o coafam pe mama ei, pe ea. N-o lăsam niciodată să meargă la birou cu părul necoafat. Avea un păr numai bun de exersat pe el și, ulterior, tot ce vedeam la Rodica Cernea, la salon, îi făceam Danei, acasă. Era un ghem de fericire toată: avea stilist la domiciliu, visul oricărei femei moderne.

Când s-a terminat relația cu Dana, în loc să mă concentrez pe munca mea, pe învățăturile colegilor din salon, mie mi-era aproape imposibil. Mă durea sufletul c-am fost trădat și mi-era dor de ea și de familia ei, în care am trăit atât de frumos vreme de doi ani.

Mi-am revenit foarte greu, după îndelungi analize la care mă supuneam și după care concluzionam că: *„Ce-i pierdut, e bun pierdut! Viața trebuie să meargă mai departe!".* Am reușit, într-un târziu, să-mi redresez viața, să privesc doar în direcția profesională și să iau realitatea situației așa cum era. M-a motivat o știre de culise, pe care am auzit-o după ce am plecat de la ea: Dana mea mai avea o relație cu cineva și nu era un simplu flirt, ceea ce mă făcea să cred că mare comoară nu pierdusem. Și totuși, mă topeam de dorul ei.... dar din ce în ce mai des reușeam să-mi iau gândul de la ea și să mă concentrez pe ceea ce conta cu adevărat: cariera.

Pentru început, în salonul Rodicăi Cernea am fost plasat la spălător. Spălam clientele pe cap, le masam scalpul cu șampon, foloseam seruri, balsamuri și măști. Mulți cred că-i ușor, dar nu e chiar așa. Spălatul părului e operațiunea cea mai importantă a îngrijirii părului și Rodica îmi cerea s-o fac cum se cuvine. Veneau în salonul ei vedete în vogă, actrițe, parlamentari, afaceriști, pițipoance fandosite cu pretenții exagerate, oameni care dispuneau de bani grei. Exista un contract al salonului nostru cu cei de la „Acasă TV", pentru serialul „Inimă de țigan", foarte urmărit în perioada aceea. Astfel că veneau Oana Zăvoranu, Pepe și ceilalți actori. Apoi, din clientela stabilă a salonului mai făceau parte Gabriela Firea, Andreea Berecleanu, Raluca Sandu, Pițurcă cu Vica lui și o grămadă de alte nume sonore. Nu-mi permiteam să fac greșeli sau să diminuez renumele salonului. Rodica voia ca totul să fie perfect și nu accepta greșeli. Era stresantă atmosfera, dar mie îmi plăcea, pentru că eram conștient că asta înseamnă munca într-un salon de top.

Nu eram niciodată liber, așa cum cerusem. Munceam fără oprire și îmi plăcea la nebunie ceea ce făceam, deși nu eram plătit. Primeam doar ceva bacșiș de la clientele pe care le spălam. Când era aglomerat, dădeam colegelor bigudiuri la mână, ajutam la pus vopseaua-n păr... munci inițiatoare, de care mă bucuram. În tot acest timp, eu trăgeam cu ochiul la tuns, coafat, tehnica cocurilor, a buclelor și începusem să prind câte ceva. Aș fi vrut să mă lase și pe mine să aranjez clientele. Dar Rodica voia să fie sigură că sunt pregătit pentru a prelua o sarcină atât de grea.

Abia după șapte luni de muncă neîntreruptă în salonului ei, a început să-mi dea voie să coafez și mi-a fixat ca plată cel mai mic procent din salon. Eram mulțumit și așa. N-am scos o vorbă. Programul salonului începea la 8:30, dar eu eram acolo de la 7. Făceam curat, igienizam, duceam sacul de gunoi, pregăteam sculele de lucru, așezam salonul. Pentru că eram muncitor și niciodată nu refuzam nimic, am devenit omul de bază al Rodicăi Cernea. Mă trimitea la seminarii importante, de unde aflam noutățile în materie de styling și mă puneam la punct cu ultimele tehnici de tunsori, coafuri și vopsele. A investit Rodica în mine și asta era o onoare. Nu voiam s-o dezamăgesc și căutam să fiu mereu cel mai bun. Eram la începutul drumului pe care îl visasem și eram mereu nemulțumit de mine. Voiam să învăț și mai mult, să știu și mai multe. Îmi doream ca această meserie să n-aibă pentru mine niciun secret. Iar pentru asta îmi sacrificam tot timpul, sănătatea și tinerețea.

Spun despre sacrificiul sănătății pentru că de la munca grea de pe vas am rămas cu fisuri anale, sindromul picioarelor umflate și ore de somn reduse. Niciodată nu m-am mai redresat. Dacă dormeam cinci ore pe noapte, era curată bucurie. În general, mă trezeam cu noaptea în cap, îmi beam cafeaua, nu mâncam aproape nimic și mă duceam la muncă, singur în salon, ca un huhurez.

Pentru mine, a învăța perfect o meserie, a-mi pregăti viitorul, nu e un sacrificiu. E o onoare, e un țel care se atinge greu și e normal să fie așa. Nimic din ce-i valoros nu se obține fără sudoarea frunții! Iar eu am fost un norocos că am transpirat muncind într-un salon de lux. Sus am țintit, sus am ajuns!

Liniștea binemeritată a familiei mele

La câteva luni de la moartea bunicului meu, așa cum prezisesem, s-a dus și bunica. Sănătatea i se degradase cu fiecare zi care trecea. Suferea cumplit de dorul bunicului. Moartea ei a fost ca o sinucidere. Pur și simplu, a renunțat să mai lupte pentru viață. Voia „acolo sus, lângă el!" și arăta înaltul cerului de parcă își dăduse întâlnire cu el printre aștri. Atunci am realizat că iubirea dintre ei a durat până la moarte și dincolo de ea.

Părinții mei s-au mutat în garsoniera bunicilor și eu m-am mutat împreună cu ei. Dormeam în bucătărie, pe o canapea improvizată, dar confortabilă, iar părinții mei ocupaseră camera. Erau împreună și asta mă făcea fericit. După atâta vreme cât fuseseră separați, meritau zile liniștite.

În jurul vârstei de 50 de ani, tata, despre care scepticii ar fi spus că n-are nicio șansă, profesional vorbind, s-a înscris la un curs de kinetoterapie. Era interesat de masaj, de recuperare și citea mai tot timpul cărți de anatomie și osteopatie. În timpul cursului, exersa pe noi diverse tehnici și îi lăudam mâinile îndemânatice cu care ne așeza oasele la locul lor. Biata mea cervicală și zona lombară care aveau de suferit în urma statului în picioare erau corectate de tata, care după o lună-două de curs, deja avea măiestria unui maseur de mult inițiat.

Începuse să-și facă clienți și nu era ieftin deloc. Avea prețul oricărui maseur din București și se baza pe înclinațiile native de a se descurca în orice situație. Niciodată nu l-am contrazis și am știut că dacă începe să învețe o meserie, va face din ea pasiune. Clienții mulțumiți îl recomandau altora și reclama mergea din gură în gură, ca un virus. Ajunsese să aibă o agendă cu programări, iar paginile acesteia se umpleau în fiecare zi, din ce în ce mai mult. Tatăl meu era un maseur de succes! Printre clienți avea și vedete, așa cum aveam și eu la salon. Eram fericit că îi moșteneam ambiția și discutam deseori, la o cafea, cât de predispuși suntem pentru succes și pentru satisfacțiile profesionale.

Tata făcea bani frumoși, pe care îi strângea cu chibzuință. Nu-și mai dorea să treacă prin ce trecuse, când fusese neglijent cu calculele. Învățase ceva de-acolo și își schimbase perspectiva asupra afacerilor. Prefera să se spetească muncind, dar s-o facă cu pasiune, decât să mai investească vreodată în ceva, de dragul de-a fi afacerist.

Noi toți ne-am învățat lecția. Important era că ne aflam pe un drum bun și nimic nu ne mai putea întuneca destinul. Fusesem deja acolo, cu vârf și îndesat. Abia ni se uscaseră ochii după atâtea lacrimi.

Eram frumoși împreună. Erau frumoase zilele noastre liniștite. Așa voiam să rămână!

O iubire ca o picătură chinezească

*„Dragostea – bătăi de inimă
pentru dureri de cap."*
Tudor Mușatescu

În apropierea salonului unde lucram, dar nu în aceeași clădire, era un cabinet cosmetic. Treceam zilnic prin fața lui și vedeam fetele la țigară, în pauza dintre programări. Exact de-acolo luam tramvaiul. Într-o seară, după ce-am ieșit de la salon, aveam țigara în mână, dar nu aveam foc. M-am uitat în jurul meu și niciunul dintre bărbații care așteptau tramvaiul nu fumau. Mi-am făcut curaj să mă duc la fetele din fața cabinetului de cosmetică să le cer o brichetă.

Una dintre ele, o blondă cu ochi albaștri ca marea, mi-a oferit o brichetă și mi-a spus s-o păstrez, că poate în drum spre casă o să mai vreau să aprind altă țigară. Mi-a atras atenția altruismul cu care, în mod total spontan, îmi dăruia o brichetă care nu era una dintre cele din plastic transparent, ci una Zippo, pe care era gravat un vultur cu aripile larg deschise. Am primit bricheta, dar am promis că trec să i-o înapoiez. Ea s-a ofensat și atunci i-am spus că îi voi dărui altceva în locul brichetei. M-am urcat în tramvaiul care tocmai venise și m-am așezat în spate, la geam, ca s-o mai văd. Avea un zâmbet frumos și ținea țigara în mână ca o veritabilă Marlene

Dietrich, cu degetele albe și subțiri, cu unghii scurt tăiate, necolorate de lac sau ojă. Avea un chip interesant, încadrat de-o tunsoare pătrată, cu breton drept și laturi egale.

M-am dus spre casă cu chipul ei în gând. Pe stradă mă uitam la brichetă și încă zâmbeam amintindu-mi de gestul inexplicabil de-a mi-o dărui tocmai mie, un străin. Așa o fi procedând cu toată lumea? Dăruiește lucruri de preț fără a accepta nimic în schimbul lor? Ce fel de suflet e ăla care oferă câte ceva trecătorilor străini, fără certitudinea de a-l mai vedea vreodată?! Interesantă și controversată femeie! *„Trebuie s-o mai văd. O să-i cumpăr ceva sau o invit la salon, să-i schimb look-ul, dacă îmi dă voie."*

Am cumpărat a doua zi tot un accesoriu – un suport de țigări peruan, din piele de iac – și am intrat în salon să i-l dau. N-am văzut-o pe-acolo și mi-am dat seama că nu știu cum să le spun colegelor ei s-o cheme, pentru că nu-i știam numele. Am descris-o în linii mari și doamna care m-a întâmpinat încă de la ușă s-a uitat ciudat la mine și a strigat-o: „Ana!", iar de după un paravan, unde probabil se aflau vestiarele, a apărut capul galben pai al Anei. *„Deci Ana te numești! Eu nu sunt Manole și nu vreau să te zidesc. Sunt Adrian. Ți-am adus ceva și mai am pentru tine o invitație la salonul meu, să te fac frumoasă, dacă-mi dai voie! De fapt, frumoasă ești, eu doar aș adăuga niște elemente noi la tunsoarea ta!".* Ana a zâmbit și a spus un NU hotărât invitației mele. Adică sunt refuzat cu totul sau doar invitația la salon? Nu știam cum să iau refuzul ei. Sau poate glumește și deodată zice: „Bine, fie!". Eram pus într-o situație la care nu mă prea așteptam, sincer să fiu. Mai stăteam și cu suportul de țigări în mână și ea nu mi-l lua. Eram într-o postură caraghioasă și mă precipitasem ca un licean. Discret, să nu ne audă nimeni, a zis s-o aștept în pasaj, după program. Am înțeles că trebuie să-mi șterg de pe figură, de față cu colegele ei, emoțiile de Don Juan îndrăgostit fulgerător. Am devenit serios, am asigurat-o că o aștept, am salutat și am ieșit.

În ziua aceea, secundele mi s-au părut ore care-mi loveau tâmplele. Timpul era în defavoarea mea și nu înainta deloc. Până la șapte seara mai era o veșnicie. Nu auzeam nimic, nu vedeam pe nimeni și îmi făceam munca mecanic. Acordam atâta atenție cât să nu greșesc, să nu mă ucidă clienta și Rodica, dar cu gândul eram în lumea mea.

Când s-a făcut 18:30, am zbughit-o pe ușă ca un uragan. Am stat jumătate de oră inert, cu ochii pe ceas. Ana venea agale, cu zece minute înainte de ora stabilită chiar de ea. Ce bine că venisem din timp! Mi-ar fi fost jenă să nu fiu acolo când ea ajungea.

Când a ajuns lângă mine, eram pornit să-i întind mâna, prietenește, dorind să mă arăt rezervat, așa cum îmi ceruse în salon, dar ea s-a întins spre mine și, cu buzele țuguiate, mi-a sărutat, dezinvoltă, obrazul. Zburam, levitam, pluteam de fericire.

Am mers la o cafenea de pe o stradă paralelă cu bulevardul, într-un colțișor ferit de ochii lumii, pe care l-a ales ea, iar eu eram curios de ce atâta discreție? Ce era așa tainic în existența ei?

A început să-mi povestească de ce trebuie să ne ținem departe de ochii lumii: era căsătorită și avea un copil. Avea o căsătorie compromisă, care se mai ținea într-un fir subțire, de dragul copilului, o fetiță de câțiva anișori. (Doamne, iar!) Soțul era un nemernic care mă enerva doar când îmi povestea despre apucăturile lui, fără să-l cunosc: nu avea serviciu, trăia pe banii ei, era nepoliticos, gelos, mârlan fără maniere și eram curios dacă mai are de gând să rămână mult în căsătoria aceea nocivă. Dar nu îndrăzneam s-o întreb, să mă bag, să-mi dau cu părerea. Era soțul ei, tatăl copilului și nu știam cât de mult era legată de el. Nu avea rost să-mi expun părerile și nu-mi asumam riscul de a greși înainte de a o cunoaște mai bine.

Ana îmi inspira milă și îmi doream s-o protejez, să-i fiu alături. Se vedea că avea nevoie de cineva, dar mi-era și teamă să nu mai trec prin ce trecusem cu Dana, care avea o situație similară. După o avalanșă de povestiri, care-mi provocau silă, despre bărbatul cu care își petrecea viața, mi-am făcut, totuși, curaj și am întrebat-o: *„Și ce-o să faci? Cât mai rămâi cu el?"*. Ea a răspuns fără să stea pe gânduri: *„Divorțez, ce altceva să fac?!"*

Îmi plăcea mult felul în care vedea lucrurile și în timp ce povestea, îi studiam trăsăturile și gestica. Era atât de dulce și de umană încât mă miram de nenorocul ei! Părea o femeie ingenioasă, cu o gândire realistă și nu îmi dădeam seama de ce făcuse o alegere așa de proastă. Ce-o făcuse să decidă atât de neinspirat și, mai ales, de ce zăbovea inutil într-o relație demult compromisă? Dormeau în camere separate, se certau, copilul trăia într-o atmosferă tensionată, el cerea bani de parcă i se cuveneau și refuza constant să-și caute un loc de muncă. Mi-era imposibil să dezleg enigma, care avea doar elementele ecuației furnizate de Ana.

M-a purtat în povestea ei și m-am transformat în confident. Ne fereau de colegele ei, de ochii lumii și Ana îmi limita viața, involuntar. Iubirea pentru ea era una ieșită din tiparele normalului, cu dureri adânci, când vedeam că treceau lunile și ea era tot acolo, uitând promisiunea de divorț pe care o făcuse. Se plângea de viața de acasă din ce în ce mai des, dar nu făcea nimic să schimbe asta. Viața ei era și viața mea, căci reușise să-mi intre în suflet atât de profund!

Îi povesteam Anei despre biserica „Doamna Ghica" și despre rugăciunile mele ori de câte ori eram în impas. Îmi exprimam încrederea în Divinitate și am făcut-o și pe ea să creadă în puterea rugăciunii. Am făcut legământ solemn, ca în fiecare seară, la ora 22:00, să ne rugăm amândoi deodată. Nu știu sigur dacă ea chiar a făcut-o, dar eu, timp de doi ani, în fiecare seară, mă duceam la biserica mea, lângă altarul meu și mă rugam fierbinte, să se întâmple ceva și să fim împreună. Într-o seară, când mergeam în drum spre biserică, niște băieți din cartier care mă tot vedeau intrând în casa Domnului zilnic, cam pe la aceeași oră, au intrat în vorbă cu mine, curioși să afle dacă am vreun necaz atât de mare, așa încât să fiu nevoit să mă rog continuu. Se săturaseră să mă tot vadă, seara, pe-același drum. Le-am spus doar că iubesc. Atât. Îmi închipui că i-am dezamăgit. Ce bărbat întreg la cap s-ar ruga la Dumnezeu, seară de seară, în altarul bisericii, pentru o relație, oricât de merituoasă ar fi ea?! Numai eu eram în stare de asemenea fapte și nu ceream să fiu înțeles.

Au trecut patru ani, timp în care Ana a jonglat cu mine fără milă și fără nicio considerație pentru timpul, viața și sentimentele mele. După ce le-am spus părinților de ea, părinții mei, care nu erau de acord cu relații ciudate și pe care le considerau lipsite de sens și viitor, mă certau frecvent, iar eu nu le dădeam voie să-mi creionez viața sentimentală. Degeaba le arătam că nu-mi pasă de opinia lor depășită și desuetă, ei nu încetau să-mi zică să renunț la o relație care, practic, mă ruinează. Am plecat deseori de acasă și am dormit la prieteni, ca să nu le mai aud pledoariile, dar n-am făcut decât să amân certurile și reproșurile.

Tata spunea că e dureros pentru el să mă vadă singur de Crăciun, de Valentine`s Day, de ziua mea, să nu mă duc în vacanțe și că relația c-o femeie măritată care nu-și părăsește familia și nu mă urmează, e una care-mi fură timp și clipe frumoase. Poate că avea dreptate într-un fel, dar refuzam să-i dau dreptate, din ambiție și nu suportam s-o jignească pe Ana mea.

La serviciu mă concentram greu. Voiam să învăț coloristica – era partea coafurii pe care o cunoșteam cel mai puțin și pe care voiam s-o învăț, așa încât să simt că nu mai există niciun secret pentru mine. Dar reușeam să mă adun cu greu și să învăț. Mă consuma această relație și îmi împiedica evoluția profesională. Eu nu eram cu picioarele pe pământ și mă măcinam permanent, în adâncul meu, fără să pot spune nimănui, decât alor mei, care au făcut din asta un țel de a mă presa să închei acea relație dăunătoare.

Toți colegii și prietenii plecau în concedii, numai eu, pentru că n-aveam o iubită pe care puteam s-o arăt lumii, rămâneam la serviciu și preferam munca în locul oricărei distracții. Eram loial și nu concepeam să iau pe altcineva și să-mi fac viața. Mă dedicam cu totul și așa mi se părea normal să fie! Câștigam bani mulți și stăteam în salon, printre clenți, cum îmi plăcea mie și cum îmi propusesem. Dar, ca orice om, aș mai fi avut nevoie de-o pauză, de-o ieșire din decor... ar fi fost ca o recompensă pe care din plin o meritam, dar pe care, de dragul Anei, nu mi-o ofeream.

Am așteptat-o mai mult de patru ani. În tot acest timp am fost discret, așa cum mi-a cerut și iubirea noastră a fost o taină bine ascunsă de ochii lumii. Am crezut că dacă sunt alături de ea și îi demonstrez iubirea mea prin suprimarea bucuriilor pe care ar fi trebuit să le am, potrivit vârstei, Ana va aprecia și într-o zi mă va anunța că suntem liberi să ieșim de mână prin lume.

Am primit, în sfârșit, un anunț de la ea, într-o zi toridă de vară. După gravitatea cu care mi-a cerut să stăm de vorbă, am anticipat că nu va fi o discuție favorabilă și încercam să refuz discuția, dar ea m-a trezit și m-a adus la realitate cu vestea: *„Sunt însărcinată. Copilul e al soțului meu. Nu mai divorțez. Îmi pare rău, Adi!"*.

Atât mi-a spus, s-a răsucit pe călcâie și dusă a fost, lăsându-mă stană de piatră în mijlocul drumului, în soarele torid al verii. Încă o palmă puternică primită de la viață și încă o nedreptate pe care o trăiam, cu respirația tăiată, cu frica zilei de mâine și cu teama de a nu mă mai vindeca niciodată.

Un blestem s-a abătut asupra mea sau era o palmă care mi se cuvenea fiindcă alesesem o femeie măritată, cu soț și copil acasă, iar finalul nu putea fi decât în defavoarea mea?! Până la urmă, ce făcusem noi era un păcat și eu, care am mai trecut printr-o istorie asemănătoare, trebuia să-mi fi văzut de viață, să fug de relații complicate. Dar dacă am luat de bune sentimentele în detrimentul rațiunii, suferința mea era un rezultat firesc, la care trebuia să mă fi așteptat.

Ceea ce mi se întâmplase, ceea ce trăisem, nu semăna cu iubirea. Era obsesie.

Mergeau oamenii pe lângă mine, mă izbeau, în viteza lor către autobuze, iar eu pășeam năucit, spre nicăieri, c-o brichetă Zippo în mână.

Vulturul gravat pe carcasă parcă rânjea batjocoritor acum...

Rodica – omul contrastelor

Coaforul nu era pentru mine ceea ce fusese ospătăria, pe care o făcusem de nevoie. Coaforul era rațiunea mea de-a exista și locul în care îmi puneam tot sufletul. Dacă tot mi-am descoperit vocația de stilist și nu voiam să mai fac vreodată altceva, m-am decis să sacrific tot ce aveam și să mă dedic dezvoltării mele în acest plan.

Rodica Cernea este omul de la care am învățat tot ce e important în această dificilă și exigentă meserie. M-a lăsat să mă avânt în munca propriu-zisă numai când a considerat că sunt instruit pe deplin. Mi-a pregătit un drum sinuos, început de jos. Mi-a cerut ascultare, a fost severă și de multe ori nedreaptă. A profitat de dorința mea de a lucra neapărat în salonul ei și de a-i fi alături și m-a tratat de multe ori ca pe un nimic, arătându-și astfel superioritatea. Am înghițit deseori în sec și m-am prefăcut că nu sunt rănit și i-am luat ieșirile drept toane de moment. Știam că are și laturi bune, care cântăresc mai greu și că am obligația să tac, atâta timp cât îmi era mentor și model.

Un colos al stylingului, Rodica Cernea avea o capacitate de creație și o perfecțiune a muncii rar întâlnite. Dar eu, în devenirea mea de stilist, deși o apreciam enorm, n-am vrut să-i imit stilul de lucru. Nu mi se părea drept și nici artistic să fac ceea ce făcea ea și încercam să-mi făuresc un stil propriu. Parcurgeam reviste, videoclipuri ale stiliștilor străini, încercam alte și alte tehnici,

SFÂRȘITUL ÎNSEAMNĂ UN NOU ÎNCEPUT

care să-mi creeze unicitate în stil și lejeritate în muncă. Rodica observa evoluția mea și poate că, undeva, în adâncul ei, aprecia. Numai că ceva din caracterul ei nu-i dădea voie să mă valorizeze și, ca să-mi minimalizeze imaginea, intervenea agresiv atunci când aranjam o clientă. Era un gest de neconceput, pe care îl făcea deliberat.

Spre exemplu, a avut încredere în mine să mă trimită ca reprezentant al salonului la o emisiune de pe *Euforia TV,* care se numea „Șuvițe cu fițe" și care era prezentată de Irina Nicolae. Era o emisiune ce avea invitați, stiliști europeni de marcă, cu care trebuia să mă „duelez" într-un concurs care viza tehnica, viteza, aspectul clientei. Ni se arăta o fotografie și trebuia, într-un timp stabilit, să executăm coloristica, tunsul, coafatul, așa încât clienta noastră să semene cu cea din imaginea indicată.

Simțeam cum mă doboară emoțiile și gândeam negativ, ca un fricos, oripilat de renumele adversarului. Mulți stiliști prezenți renunțau din cauza emoțiilor și a tracului. Nici eu nu eram departe, dar, deodată, când am văzut că emoțiile mă stăpânesc și nu-s deloc constructive, mi-am spus: „Ce fac acum? Tremur ca un laș, ca o cârpă. După ce am trecut în viață prin atâtea, acum mă doboară un concurs unde sunt oameni ca și mine, cărora, probabil, le e teamă și lor de mine. Trebuie să profit de moment, să arăt ce știu, să-mi demonstrez mie că pot, să nu mă las doborât de nimic! La naiba cu emoțiile astea! TREBUIE să mă controlez dacă vreau s-ajung ceva în viață!".

Ca prin minune, lucrând la creier, poruncindu-mi relaxare, mâinile au încetat să-mi tremure, picioarele s-au potolit și ele și am intrat „în ring" cu mentalitate de învingător, ca fotbaliștii naționalei sub conducerea lui Anghel Iordănescu. Înaintea tuturor meciurilor, nea Puiu nu avea altă recomandare și susținere psihică, decât „*Trebuie să intrăm pe teren cu mentalitate de învingător!*". Așa că, mi-am impus starea de calm și luptă.

În prima fază am picat cu o stilistă foarte bună, veche în meserie, pe care am învins-o detașat la puncte. Apoi l-am provocat pe marele stilist Massimiliano C., la duel. Fără nicio modestie, am fost mai bun decât el și juriul a dat punctajul jumătate-jumătate. Deci a considerat că suntem la egalitate, ca mai apoi publicul să facă un avantaj de un punct pentru Massimiliano. Am pierdut la un punctuleț, dar în mintea mea și a multora dintre cei prezenți, învingătorul am fost eu.

Cu sinceritate spun că acea emisiune mi-a dat un curaj fantastic. Am prins încredere în mine și m-am implicat și mai mult în meseria mea. Am învățat tot ce se putea de la colegele mele, cărora le ceream sfaturi, le ascultam micile lecții pe care mi le ofereau și, ca să-mi extind munca, acasă făceam frizerie, tunzând băieții care mi-o cereau – și erau destui. Împușcam mai mulți iepuri dintr-un foc: făceam bani, făceam ce-mi plăcea, puneam suflet și voiam din ce în ce mai mult.

După aproximativ cinci ani de la venirea în salon, Rodica s-a decis să mute salonul la Dorobanți, unde considera că e vadul mult mai mare, printre marii maeștri ai coafurii. Cred că își dorea și o provocare sau, pur și simplu, de dragul schimbării, în aceeași formulă ne-am mutat la Dorobanți. N-aș fi părăsit-o, oricum. De felul meu, sunt loial și îmi place să stau locului, mai ales atunci când „locul meu" e acel cadru în care am învățat o meserie și în care colegii îmi erau a doua familie.

Nu știu ce-a făcut-o pe Rodica să se schimbe, imediat după mutarea în noul spațiu. Era alta: incisivă, acidă, rece, ranchiunoasă, ba chiar dezagreabilă. Eu evoluasem profesional și multe dintre clientele ei mă preferau pe mine, fără ca eu să am vreun amestec. Mă detesta pentru asta și făcea câte o scenă total gratuită de față cu clientele: *„Nu se face așa!", „Nu usuci corect!", „Vezi că ai greșit bretonul!"* și tot felul de replici care erau destinate să mă facă să capitulez sau să mă cert cu ea. Dar eu, convins de cunoștințele și priceperea mea, știam că intervențiile ei erau gratuite și răutăcioase și nu erau îndreptate spre a mă învăța. Clienta se simțea aiurea, eu la fel, erau chicoteli în salon... Pe toate le înghițeam și încercam să le ignor. Când am văzut că mă ia în vizor din ce în ce mai des, am început să-mi susțin punctele de vedere în ședințe. Ori mă dădea afară, ori realiza că nu mai sunt începătorul cu șorțul ud și că, prin muncă susținută, am ajuns unde sunt!

Devenisem preferatul multor clienți de calibru, pe care orice stilist și i-ar fi dorit în agenda personală. Spre exemplu, timp de opt ani l-am avut ca și client de prim rang pe Remus Truică. Nu știu cum o fi fost ca politician, n-am dat niciodată atenție acestei nișe, la care nici nu mă pricepeam, dar pot spune că săptămânal mergeam la reședința din Snagov, iar el, ca un veritabil domn, mă primea fastuos.

În particular, Remus Truică era un om pe care nu puteai să nu-l admiri. Îmi vorbea despre felul în care se fac afacerile, despre importanța seriozității și a punctualității în afaceri, despre felul în care se fac banii și cum se păstrează stabilitatea financiară, iar Irina Truică, o femeie foarte bogată, era exemplu de modestie, educație și ospitalitate. Nu se simțea în atitudinea ei nici urmă de trufie sau de superioritate. Am învățat multe, fiindu-le atâția ani stilist și am ascultat fiecare sfat pe care mi l-au dat.

Un alt client care mi-a marcat viața profesională a fost Sorin Vântu, la care deseori mergeam acasă. Avea vorbe de duh, mi-era simpatic cu felul său expansiv de-a vedea lucrurile. Auzeam cum negociază, cum discută despre afaceri și cum își analizează oportunitățile.

Am stat pe lângă oameni renumiți și de la fiecare am avut de învățat câte ceva. Uneori îi admiram, alteori, văzându-le defectele, îi ignoram, dar niciodată nu i-am privit fără respect. Meseria mea impunea să închid ochii, să-mi sigilez urechile și să păstrez mereu tăcerea, dacă auzeam ceva ce nu era destinat publicului. Mă purtam ca un profesionist și lucram la fel, de aceea eram favoritul multora.

Rodica m-a dat afară de câteva ori și apoi m-a chemat iar. Eram ca șoarecele cu pisica. Au trecut atâția ani și ea tot nu-mi plătea procentele egale cu ale celorlalte fete. N-am ajuns niciodată să câștig cât colegele mele. Nu știu de ce mă umilea în felul ăsta, cu toate că mă socotea om de bază: aprovizionam salonul cu produse, făceam cumpărăturile necesare și clientele de calibru mi le dădea mie când era ea ocupată. Trebuia, probabil, să plătesc într-un fel faptul că mă acceptase să-i fiu ucenic. Dar trecuseră ani buni de atunci. Munceam la fel ca toată lumea sau chiar mai mult.

Era cameleonică și imprevizibilă. Nu știam la ce să mă aștept din partea ei. Și am făcut greșeala impardonabilă să-i spun că am achiziționat un teren în zona Dobroiești, care costa 16.000 euro și că tata achitase jumătate din el, urmând ca cealaltă jumătate s-o achit eu, plătind rate la bancă. Rata lunară era cam de 700 de euro și de aceea îi ceream să mă lase în continuare să muncesc mult și fără zile libere.

În loc să fie empatică, să mă lase să muncesc să-mi pot plăti rata, din contră, m-a dat afară și m-a amenințat că *"De data asta, e definitiv!"*. Fusese plecată în Anglia și mă lăsase să am grijă de salon, s-o suplinesc, iar eu am executat cuminte ordinele. Ultimul meu gând era că Rodica mă va disponibiliza. N-avea niciun motiv. O făcea pentru că putea, pentru că era șefă și ca să-mi demonstreze că e cineva.

Intrasem în panică, dar am plecat fără să mă uit înapoi, fără s-o implor, așa cum și-ar fi dorit. I-am spus doar atât: *"Exact acum, când am rate și trebuie să le plătesc, mă dai afară! Ce fel de om ești?"* și mi-a replicat dezinvoltă: *"Ce vrei, Adi? Un șut în fund, un pas înainte!"*. Asta făcuse: îmi dăduse un șut în fund și se bucura că sunt la mâna ei, jongla cu necazurile mele, pe care le știa și îi plăcea că depind de ea. Nu mă plângeam de un loc de muncă, mi-aș fi găsit repede, cu certitudine. Dar nu era stilul meu să plec dintr-un loc în altul.

În salon, colega mea de suflet era Andreea-Laura Macovei, pe care o consideram sora mea. Venită din Piatra Neamț, era o moldoveancă cu ambiții mari, cu o putere fantastică de muncă și un suflet ales. În opinia Rodicăi, Andreea era cea mai bună și avea cele mai multe cliente. Așa că, dacă a văzut că eu am fost concediat, a plecat și ea, în semn de revoltă și solidaritate cu mine. M-a uluit complet gestul ei neașteptat! Își periclita viața pentru mine, un coleg, care, în cazul în care nu-și găsea un salon bun, pe măsura ei, n-o putea ajuta. Extraordinară femeie și impresionant gestul ei, până la lacrimi!

Se resimțea lipsa noastră în salon. Eram doi oameni care trăgeam mult și înmulțeam veniturile Rodicăi, la drept vorbind. Oricât a fost ambiția ei de mare, a fost nevoită să ne recheme și să se înjosească, călcându-și propriile promisiuni în picioare. Pe mine nu m-ar fi chemat, dar dacă nu veneam eu, nu venea nici Andreea. A făcut un compromis, de dragul salonului, de dragul afacerii și am înțeles-o. Mi-am călcat și eu pe suflet și am revenit, deși mediul mi se părea încă ostil. Aveam nevoie să-mi plătesc ratele la bancă și ambiția de a nu reveni nu m-ar fi ajutat cu nimic.

Am regretat că i-am spus Rodicăi necazurile mele și când m-am învățat minte, era deja târziu. Ea avea o înclinație patologică în a profita de situațiile limită ale oamenilor. Știa care-ți sunt slăbiciunile și acolo te lovea, când ți-era lumea mai dragă!

Am luat de la ea numai ce-a fost frumos, partea de meserie, care era ireproșabilă și impecabilă. Dacă ar fi avut caracterul cum avea perfecțiunea în profesie, ar fi fost un vis de om. Din păcate, n-a fost așa și am simțit-o pe pielea mea. Din cauza presiunii ce o punea pe umerii mei, a stresului în care mă ținea, m-am îmbolnăvit de ulcer și am căutat în relațiile ulterioare, pe care le am cu ucenicii mei, să fiu inversul Rodicăi Cernea.

Poate că așa sunt artiștii – capricioși și răutăcioși, dar personal consider că a-ți dori să marchezi negativ viața unui om e o pornire inumană, pe care o vei plăti într-un fel sau altul, în fața lui Dumnezeu. Eu n-am reușit să mă contaminez de ranchiună, sunt altfel construit.

Eu, actorul

„Actorul e un copil care se joacă permanent."
Marian Rîlea

Într-o seară, mă aruncasem pe pat şi, obosit, butonând telecomanda televizorului, m-am oprit la *Acasă TV*, unde Cabral făcea un anunţ prin care provoca la încercarea de a fi actor, fără studii, pe oricine îşi doreşte să joace în telenovela *„Aniela"* şi a dat adresa unui site unde trebuiau trimise două fotografii clare, tip buletin. În joacă, dar şi ca o provocare, am trimis două fotografii de-ale mele. Voiam să văd ce se întâmplă. N-aveam ce pierde.

După câteva zile, Andreea, colega mea, mă felicită pentru reuşită. Nici nu ştiam ce succes îmi pune în cârcă. Şi-mi spune bucuroasă, cu gura până la urechi: *„Nu ştii? Ai fost selectat pentru concurs. Vei juca în „Aniela". Au arătat pozele tale aseară, la Acasă TV".*

M-am dus la studiourile Buftea şi când am văzut ce masculi erau selectaţi pentru concurs, mi-am acordat şanse zero şi totuşi, mă bazam pe talentul meu de a fi teatral. O cunoşteam pe Ruxandra Radu, directoarea postului de televiziune, care ne era clientă în salon, dar nu voiam să apelez. Îmi testam aptitudinile pe drept, fără intervenţii.

Mi s-a dat să joc o scenă cu un streapper din Constanța. Era probă eliminatorie. Felul în care dramatizam ne promova sau nu. Era vorba despre o fotografie la care eu mă uitam și-n care, chipurile, se afla iubita mea. El îmi vede fotografia și mă întreabă ce caută la mine. Îi spun că-i iubita mea de cinci ani, el afirmă că-i și iubita lui, tot de cinci ani și de aici, ne contrazicem, ne dăm replici acide, isterice, tragice. Eu chiar o luasem în serios și îmi jucam rolul de parcă viața mea depindea de acest rezultat. Am fost selectat și am primit rolul de ajutor al băcanului. Se filma de la 5 dimineața, până pe la 1 noaptea și ziua de filmare era plătită cu „imensa" sumă de 70 de lei.

Era vorba despre experiența în sine, despre noutate, despre a fi aproape de vedete ca Dinică, Rîlea, Condurache, Stela Popescu și mulți alții pe care nu speram să-i văd taman „la lucru", pe platou.

În acest timp, cât m-am dedicat serialului, pierdeam munca din salon, ceea ce nu era convenabil și total neproductiv. Așa că, după câteva luni, când am considerat că am văzut și trăit tot ce se putea, în studiourile Buftea, am renunțat, printr-o cerere și câteva scuze politicoase la regizorul de platou.

Am rămas cu un gust dulce-amărui în urma acestei experiențe: am cunoscut de aproape artiști consacrați, am jucat într-un serial de succes, foarte urmărit la vremea aia, dar am cunoscut partea neagră a filmului românesc, unde domneau relațiile, pilele, amantlâcurile și mai puțin talentele. În aceste luni, pe platou, am văzut aerele vedetelor, am simțit priviri de sus, superioritate pe nedrept și indiferența actorilor și-a staff-ului față de „iluștrii necunoscuți" ai serialului. Contau doar cei cu renume, consacrații, iar ceilalți, pleava, nu aveau decât să se mulțumească cu prezența pe un platou atât de râvnit ca Buftea!

Nu, mulțumesc! Dacă altădată aș fi visat s-ajung actor, odată cu „Aniela" și participarea mea la serial, dorința îmi dispăruse definitiv. Trebuia să mă întorc urgent la salonul unde clientele mele m-așteptau și unde eram vizibil fără să mă străduiesc. Nu trebuia decât să muncesc și străluceam deja.

Larisa, iubita mea
– suflet de copil, cu ambiții mărețe

Era o adolescentă de nici 18 ani, frumoasă foc. Era încă elevă la liceul „I. L. Caragiale" și era educată spartan, cu credință în bunul Dumnezeu. Când am cunoscut-o, eram încă sub auspiciul suferințelor cauzate de iubitele mele de până atunci și nu voiam să mă implic în nicio relație serioasă. Mă fereasm să rănesc pe cineva sau să mai fiu rănit. I-am explicat că putem fi buni prieteni, că o pot proteja, învăța, supraveghea, dar, deocamdată, n-o pot iubi. Nici nu mi-a cerut-o. Era mulțumită cu minima atenție.

I-am cunoscut familia: un tată șofer de TIR, o mamă casnică și alți trei frați. O familie modestă, dar educată, și m-am simțit alături de ei ca și cum eram în familia lor de-o viață. Când venea din curse, tatăl nu se așeza la masă fără rugăciune, un toast evlavios sau o binecuvântare a mesei. Nu mai văzusem asemenea dăruire și îmi plăceau acești oameni și mediul unde Larisa se formase ca om. Era evident că avea o educație sănătoasă, că era corectă și curată sufletește.

Îi dădeam bani de buzunar la școală, o întrebam de teme, de testele de la Bacalaureat și îi spuneam învățături despre viață, ca să-i fie ușor când va fi nevoie. Eram îndreptățit să fac asta: aveam cel puțin șapte ani în fața ei și trecusem printr-un cârd de greutăți din care învățasem câte ceva. Îi plăcea să mă asculte, eram adultul de care avea nevoie, pilonul de care se ținea când îi era greu și mie-mi plăcea asta la nebunie. Am ajuns, după câteva luni, s-o îndrăgesc și s-o iubesc.

Nu mai puteam sta unul fără celălalt. Ne-am decis să ne mutăm împreună și ne-am cumpărat o cățelușă rotweiller, pe care am numit-o Hera, după zeița protectoare a căminului. Era tot deliciul nostru, cu jucăriile ei, cu nebuniile pe care le făcea și ne sacrificam și-n miezul nopții, dacă era nevoie, s-o scoatem afară. O consideram ca pe-un copil: dormea cu noi, stătea cu noi în pat, la televizor și abia așteptam s-ajungem acasă s-o vedem și să-i pupăm boticul umed.

Mă obișnuise Larisa să mă uit la telenovelele ei și o făceam cu drag, numai să stăm împreună. Nu era genul meu de filme și mi se părea o pierdere de timp, dar, dacă Larisa le urmărea, atunci trebuia să fac același lucru, fără să conteze calitatea filmului care se derula.

Tânără fiind, își dorea să iasă în cluburi, la distracții, în parcuri, la terase, ceea ce eu nu-i puteam oferi. Se supăra pe programul meu de lucru, pentru faptul că sunt mult prea implicat în meseria mea și a început să-mi reproșeze c-o neglijez. Ca să-mi atragă atenția, mă amenința că renunță la școală, de parcă m-ar fi afectat pe mine și nu pe ea. Dacă am văzut că ia această variantă în serios, am pus-o să facă un curs de coafor, să fiu convins, cel puțin, că învață și rămâne cu ceva. După ce a făcut cursul, își dorea să lucreze în salon, considerând școala inutilă. Foarte ambițioasă și încăpățânată atunci când își dorea să ajungă undeva, Larisa îmi dădea bătăi de cap și degeaba îi explicam că e important să-și termine școala, mă contrazicea și aducea argumente care-mi închideau gura. Era abilă în vorbe și știa să-și susțină cauza.

Seara ieșeam cu Andreea, colega mea de salon și cu Alin, iubitul ei. Stăteam toți patru, până spre dimineață, la scara blocului, mâncam dulciuri, beam sucuri și vorbeam despre extratereștri și fantasme. Hera stătea cu noi și ne ținea companie. Nu știam când trece timpul și după ce dormeam două-trei ore, mă duceam la serviciu, unde trebuia să fiu impecabil, să nu mi se citească oboseala pe față sau în lentoarea mișcărilor, să-i dau motive Rodicăi să mă certe.

Ca să fim aproape de familia Larisei, ne-am mutat la ea acasă, loc unde m-am simțit de parcă ai ei erau familia mea. Mă înțelegeam mai bine cu mama ei decât cu ea, care începuse să-mi reproșeze tot mai des că nu petrec timp cu ea. Ca să-mi arate că nu e o gâsculiță fraieră care m-așteaptă acasă, se ducea cu prietenele prin mall, parc, magazine și ajungea acasă târziu. Mă îngrijora lipsa ei și dacă îndrăzneam să spun ceva, o băga pe aia cu: *„Dar tu nu faci la fel? Stai la serviciu ca disperatul și când ești liber câteva ore, te duci cu băieții la meciuri sau în cartierul în care ai copilărit! Mie mi se pare că nu mă mai iubești și că ne-am distanțat!"*

Avea dreptate, în felul ei, să ceară atenție, dar eu mă simțeam constrâns și nu-i puteam oferi ce-și dorește. Mă concentram pe salon, pe noile proiecte pe care voiam să le pun în aplicare și în puținul timp liber pe care îl aveam voiam să fiu cu băieții cu care copilărisem. Discuțiile acestea erau interminabile și eram amândoi la fel de guralivi și îndârjiți în discuții. Ne oboseam reciproc.

După o perioadă, am găsit o garsonieră în blocul unde locuiau ai mei, la etajul VI și am închiriat-o, împreună cu Larisa, crezând că dacă schimbăm locul, schimbăm norocul. Era avantajos noul domiciliu: treceam mereu pe la ai mei și eram aproape de Dorobanți, unde lucram eu. Hera era în lumea ei, fericită că aveam grădină considerabilă în jurul blocului și era singura care ne putea împăca atunci când certurile noastre o luau razna, aducându-ne jucăriile de silicon să i le aruncăm, ca să aibă ce aduce înapoi. Era tare nostimă și prezența ei era ca o terapie pentru noi.

Larisa avea vocație de soție, de om care ți-e alături în oricare situație și am constatat deseori că devotamentul ei, pe care te puteai baza, era unic și venit din adâncul ființei. Când mă chinuiau problemele cronice de constipații severe și fisurile anale erupeau, era acolo, lângă mine, fără să închidă un ochi și, dacă îmi curgeau lacrimi de durere, îi curgeau și ei. Sănătatea șubrezită de pe vremea când lucram pe vas își făcea simțită prezența și faptul că lucram numai în picioare, din fragedă copilărie, a lăsat dureroase urme în multe dintre zilele tinereții mele. Iar Larisa nu se desprindea de mine și-mi aducea medicamente, unguente și alifii, cu brațul. Când o știam aproape, mă simțeam mai puternic și treceam bărbătește prin calvarul durerilor. Era acolo, în chip natural, din voință proprie, fără să i-o cer.

Am angajat-o pe Larisa la un salon, dacă tot își dorea să se facă utilă. Am considerat normal s-o las să-și urmeze visul și am încurajat-o în devenirea ei ca stilist. Talentele ei erau multiple: a învățat repede să coafeze, să tundă, să tapeze și avea extraordinare aptitudini în machiaj. Îi plăcea partea de make-up în egală măsură cu cea de coafor, așa că avantajele ei erau diverse. Putea să facă bani, să fie independentă și o sfătuiam adesea să se concentreze pe latura carierei. Mă ofeream ca exemplu și îi spuneam prin câte trecusem ca să ajung unde eram. Același lucru voiam și pentru ea: carieră, seriozitate, independență financiară, succes.

Să facem altceva... zic

Achitasem terenul pe care îl cumpărasem și îmi permiteam să mă gândesc la ceva inedit și provocator în viața mea profesională. Așa că i-am propus Rodicăi Cernea să facem o școală de coafor, să predăm cursuri pentru inițiere. A refuzat categoric și dacă a văzut că eu vreau să pornesc pe acest drum, nu mi-a arătat nicio minimă susținere. Dimpotrivă, m-a descurajat și a spus că e dificil de realizat, că cere implicare maximă, că e costisitor... tot felul de impedimente imaginare care să mă facă să abdic de la ideea mea.

Andreea, prietena și colega mea, n-a acordat nici ea mari șanse acestui proiect. De fapt, nimeni nu m-a încurajat, considerând că stau bine la salonul din Dorobanți, unde făceam bani buni și unde nu aveam responsabilitatea vreunei afaceri, a angajaților, a chiriei, a banilor.

Mie, însă, îmi încolțise această idee în cap și simțeam că am ce preda și am ce-i învăța pe alții. Aveam în spate ani de muncă, experiență și simțeam că trebuie să împărtășesc și altora din învățăturile mele. L-am contactat pe Mihai Serester, prietenul fratelui meu, care locuia în Spania, și pe care îl știam bun în webdesign, promovare și publicitate. Locuia de ani mulți în peninsulă și avea o viață așezată, împreună cu iubita lui.

L-am sunat pe Mihai, căruia i-am explicat ce vreau să fac și a fost destul de sceptic, dar nu m-a descurajat. Așa că am început să amenajez, în garsoniera mea, o cameră de curs. Peste șifonier am pus o planșă pe care urma să desenez scheme de tunsori, am văruit holul din casa scării și holul garsonierei, să-i dau cât de cât un aspect primitor. Mă gândeam că pe Hera o voi închide în balcon, ca să nu-i sperie pe cursanți. Nu aveam decât elan și nebunie. Nu predasem niciodată, nu știam ce-o să iasă și habar n-aveam exact pe ce drum m-avânt.

Mă filmam cu telefonul, am început să fac videoclipuri pe care le postam pe pagina de Facebook, „Stilistul tău", nu înainte de a i le trimite lui Mihai, care îmi cosmetiza aparițiile, cu ajutorul softurilor. În aceste videoclipuri veneam cu sfaturi utile, practice, în ajutorul celor care voiau să devină stiliști sau chiar a celor care lucrau deja și mai voiau sfaturi pentru a-și completa cunoștințele. Primeam like-uri, aprecieri directe, sau chiar înjurăturile celor care criticau munca mea, dar nu-mi păsa câtuși de puțin și mergeam înainte pe drumul pe care mi-l trasasem. Nu mă abăteam pentru nimic în lume și nicio piedică nu era atât de serioasă încât să mă facă să renunț.

L-am contactat pe Mihai, prietenul fratelui meu.

După ce am postat un anunț în care invitam la cursul meu, s-au arătat interesate șapte persoane. M-au apucat emoțiile și m-am văzut nevoit să privesc cu realism ceea ce aveam de oferit cursanților, în cazul în care mă trezeam cu ei în casă. L-am chemat pe Mihai din Spania și i-am spus să mă ajute, că deja sunt persoane interesate. Poate că a crezut în visul meu și de aceea a venit în România. În comparație cu mulți dintre cei care spuneau că visez cai verzi pe pereți, Mihai a fost singurul nebun frumos care mi-a acordat atenție și nu s-a îndoit nicio clipă de posibilitatea succesului meu. Am stabilit cu el procente din afacere și a fost de acord să i se cuvină 20% din încasări.

Când au venit cei șapte cursanți, au rămas mirați de cadrul în care-i primeam: o garsonieră care n-avea nimic în comun c-o sală de curs sau cu vreun salon de coafură. Practic, nu inspiram încredere și se uitau la mine ca la un om neserios. Șase au plecat, unul singur a rămas: Anghel Florin, care nu s-a speriat de decor și care s-a lăsat în voia mea. El a fost primul cursant și am dus la capăt cursul complet, fără să fiu didactic, profesionist, fără să am cel mai mic plan de predare. Contam pe experiența mea, pe care cu drag i-o împărtășeam. Astăzi este un bun stilist, cu o carieră înfloritoare.

A doua grupă a fost formată din patru cursanți care au avut curajul nebunesc să mă ia în serios, în condițiile în care nu le ofeream decât vorbele unui stilist experimentat. Îmi făcusem un suport de curs, dar observam că după jumătate de oră epuizam ce scrisesem, așa că umpleam restul timpului, până la trei ore, cu povestiri din salon și cu situații pe care le întâlnisem. Erau frapați de experiența mea și mă ascultau. Asta îmi dădea în-

SFÂRȘITUL ÎNSEAMNĂ UN NOU ÎNCEPUT

credere în forțele mele. Îl rugasem și pe prietenul Nicu (Pompi) să mă ajute. El, care fusese pompier și era în căutare de serviciu de doi ani, îi aștepta pe cursanți, îi conducea în garsonieră și îi servea cu suc, cafea, îi făcea să se simtă confortabil.

Mihai mai avea un job în București, la care nu putea renunța, pentru că îi completa veniturile. Făcea webdesign pentru firma unui prieten. Eu nu-i puteam oferi, deocamdată, nicio stabilitate. La al treilea modul pe care l-am ținut, s-au înscris deja mai mulți tineri și am început să iau în serios acest proiect. I-am cerut lui Mihai să renunțe la celălalt job și să se implice integral în această afacere. I-am oferit 50 de procente din încasări și i-am cerut să-mi fie alături în tot ceea ce fac.

Am închiriat, pentru weekend, o sală la Universitate, în care țineam cursurile. Mihai filma, fotografia, posta pe Facebook, concepea reclame și căuta metode să mă facă renumit în mediul online. Era treaba lui, partea la care era și foarte priceput. Cei din jur spuneau că îi ofer prea mult din încasările mele, dar eu am considerat că el face munca grea, partea nevăzută a lucrurilor și trebuia plătit ca atare. Și, mai ales, mi-a acordat șanse atunci când nimeni n-a făcut-o. Apreciam asta și îi mulțumeam prin procentele egale cu ale mele. Știam că succesul se obține numai în echipă și-l voiam alături!

Au început să se înscrie cursanți din ce în ce mai mulți. Am fost nevoiți să închiriem, în aceeași locație, o sală mai mare. De data aceasta le ofeream materialele noastre didactice și am crescut costul cursului. Devenisem cunoscător, știam ce fac, eram deja inițiat. Mi se părea normal să fiu plătit ca atare. Cei care terminau cursul, aveau la dispoziție platforma online, de care dispuneau, în cazul în care uitau ceva sau voiau să-și completeze cunoștințele la locul de muncă.

Cum la salon presiunea era la cote alarmante și Rodica devenise un balaur care scotea flăcări pe nări din te miri ce motive, am decis să plec definitiv și să închid, după zece ani, capitolul „Salon". Am plecat cu fruntea sus și am considerat că mi-au ajuns anii de umilință, de muncit pentru alții și că a venit vremea să mă dedic carierei de lector, să-i învăț pe ceilalți din experiențele mele acumulate de-a lungul anilor.

Zece ani am lucrat lângă Rodica, fără să mă plâng, fără să cer, fără să mă fac prea cunoscut, pentru că mereu eram în umbra ei. Mergeam acum pe alt drum și nimic nu-mi garanta succesul, dar îmi plăcea al naibii gustul libertății și al independenței!

După ce am văzut succesul pe care îl aveam în București și multitudinea cursanților mulțumiți, am dezvoltat celule de curs și prin celelalte orașe ale țării: Brașov, Piatra Neamț, Sibiu, Iași... eram continuu pe drumuri și mă dedicam cu toată ființa mea, avându-l alături pe Mihai Serester, cu care mă sfătuiam pentru cel mai minuscul plan sau cea mai obscură idee. Mihai știa toate intențiile mele și, după ce le discutam împreună, concluzionam aplicabilitatea lor sau nu. După ce ani de zile, am mers singur pe drumul meu, faptul că cineva mi-era alături și îmi oferea suport, era pentru mine un sentiment plăcut, de unitate, în perspectiva evoluției și devenirii mele.

La doi ani după ce am deschis școala de coafor, am angajat-o pe Camelia, pe post de secretară, iar ea s-a dovedit a fi stâlpul de granit al firmei noastre. Cu o seriozitate și un profesionalism rar întâlnite, s-a ocupat de

Adrian Niculescu
Speaker Motivațional

A venit vremea să-i învăț pe ceilalți din experiența mea.

acreditări, diplome, minister, ștampile necesare... tot ce însemna partea legală și oficială a școlii noastre. Tot ce făceam reinvesteam în materiale, în brand și în publicitate.

Deși învârteam o mulțime de bani, nu ne-am cumpărat mașini și nici țoale, parfumuri, homecinema sau alte acareturi, ci am procedat la reinvestire, dorindu-ne extinderea afacerii pe o plajă cât mai mare, atât în București, cât și în țară.

Circulam cu un Peugeot 406 și ne miram de fiecare dată că a mai rezistat la încă un drum. Luminile farurilor erau ca pâlpâirea unor lumânări și ne așteptam ca la orice ieșire în țară să ne lase. Mihai spunea că printr-o minune n-am avut accident cu ea și că cineva, acolo sus, ne iubește dacă suntem încă vii, după miile de kilometri parcurși cu Peugeot-ul nostru antic.

După o perioadă când am considerat că ne putem permite, ne-am luat fiecare câte un Volkswagen nou, confortabil, pe care l-am văzut ca pe un mijloc de a ne face treaba, nu ca pe un obiect de lux. Ne-am păstrat modestia și nu ne-am umflat în pene. Munceam prea mult pentru bani și ne-am sacrificat zile, luni, ani, nervi și o parte a tinereții. Dar a meritat fiecare clipă... căci n-a fost nimic pierdut, ci totul s-a transformat în câștig.

Când am simțit că am economisit destui bani pentru un nou spațiu, am plecat de la Universitate și am luat spațiul în Aviatorilor, la bulevardul Charles de Gaulle și ne-am avântat serios în afaceri. Am ajuns repede în topul cursurilor de coafură din România și asta o confirma numărul de școli care se închiseseră de când intrasem noi pe piață și numărul mare al cursanților înscriși la școala noastră.

Am ieșit în evidență prin reducerea duratei cursului, prin profesionalismul nostru, prin felul de a preda și prin faptul că, în paralel cu predarea tehnicilor de coafură și frizerie, intervin mereu cu discursuri motivaționale, care constituie suport psihic și învățături utile, pentru a lua în serios meseria aleasă, ba chiar să ajungi în top, dacă acorzi atenție, timp și seriozitate. Nimeni din această branșă, pe care o cunosc, nu împărtășește din experiență și nimeni nu este dispus să dea ponturile reale ale profesiei. Eu nu văd de ce aș ține secret tot ce am învățat. Sunt fericit să împart tuturor din experiențele, greșelile, succesele și umilințele mele.

Am considerat că trebuie să am o linie completă, personală, a produselor pe care le folosesc și am inițiat gama de produse de îngrijire, AN (Adrian Niculescu), care are la bază uleiul de macadamia și argan, potrivit diverselor tipuri de păr. Șampoanele, balsamurile, măștile, uleiurile, tratamentele din gama AN, le-am conceput ca o gamă de remediere a problemelor scalpului, sau pentru

SFÂRȘITUL ÎNSEAMNĂ UN NOU ÎNCEPUT

AN

by Adrian Niculescu

Am inițiat gama de produse de îngrijire AN.

simpla hidratare și îngrijire. Sunt produse concentrate, profesionale, în recipiente mari, care m-au ajutat întotdeauna în obținerea coafurilor de înaltă clasă.

Ca să mă mențin în aria creației și a îndrăznelii, am inițiat conceptul unic de frizerie cu un singur scaun, sub denumirea de „Frizeria București". Am ajuns la un număr de șase locații, toate situate în centru, în zone de lux ale capitalei și sunt vizitate și apreciate de vedete din toate colțurile țării. Se lucrează la standarde ridicate, într-un cadru elegant și o atmosferă relaxantă și intimă. Este ceea ce are nevoie orice om stresat de muncă, de vârtejul vieții și care fuge de tiparul normalității și al frizeriilor la indigo.

În salon se află doar clientul cu frizerul și nimeni altcineva. Nimeni nu-l privește, nu se simte observat, nimeni nu știe unde se tunde și cât plătește, pentru că personalul nostru este educat în sensul secretului profesional și al deontologiei de salon.

Frizeria București

Frizeria cu un singur scaun

By Adrian Niculescu

Am căutat să facem afacere din orice, să facem bani, să avem succes, dar numai cu condiția satisfacției celor cărora le oferim serviciile noastre. Așa am convenit cu toți colaboratorii mei și asta ne-a fost, încă de la început, direcția pe care am mizat: corectitudinea.

La fiecare curs de-al meu mi-am propus să primesc persoane care, ca și mine, nu au suport financiar, dar au dorință de muncă. Participă frecvent persoane aflate în situații precare și le ofer cursul meu zilnic, în mod gratuit. Îmi place determinarea lor, acribia cu care învață și dacă nu sunt foarte motivați, îi ajut, cu toate metodele mele, să-și urmeze visul. Asta mă face să mă simt extraordinar și de fiecare dată, le mulțumesc că-mi oferă șansa de a mă achita față de Dumnezeu și de cei care mi-au întins o mână când eram în impas. Am primit bunătate, ofer bunătate, de zece ori pe-atât! Nimeni nu a rămas nerecompensat, dintre cei care, la nevoie, nu mi-au trântit ușa în nas.

Consider că bunătatea nu e atunci când dai, ci când știi să primești. Iar eu am învățat asta, rezervând fiecăruia un loc aparte în inima mea și asigurarea că n-aș putea să-i uit niciodată. Am încredere în roata care se întoarce și care ne dă șansa să ne plătim datoriile.

Fratele meu, din contabilitate în salonul de frizerie

Dacă între mine şi Vali diferenţa e doar de un an, chiar dacă nu ne-am asemănat în multe privinţe, noi am rămas mereu buni prieteni şi ne-am consultat în orice situaţie cu care ne-am confruntat.

El a mers pe drumul pe care şi l-a dorit şi l-a ales. După ce a terminat facultatea de ştiinţe economice, a fost contabil la Rompress. Era bine plătit, făcea ceea ce-i plăcea, meseria pentru care se pregătise. Dar odată cu creşterea mea ca lector, întreprinzător de succes, i-a surâs ideea de a-şi completa veniturile. Mi-a cerut să-l

Vali Niculescu, fratele meu, e la fel de exigent ca mine.

învăț tehnici de frizerie și mărturisesc că a fost foarte silitor. După terminarea cursurilor, a început să tundă acasă la el, gașca de prieteni. Făcea tot atâția bani pe lună cât îi ofereau cei de la Rompress. Clienții s-au înmulțit și el a dat de mirajul frizeriei, de care nu se mai dezlipea.

A renunțat la munca de contabil și a deschis o primă locație pe care a numit-o „Atelierul de tuns". După ce și-a lărgit agenda de programări la un număr impresionant, într-un timp destul de scurt, a deschis și o a doua locație a „Atelierului de tuns", unde are în subordine ucenici de-ai mei, școliți de mine și pe care i-am considerat apți pentru a lucra într-un mediu elegant și profesionist.

Vali Niculescu, fratele meu, este la fel de exigent ca și mine când e vorba de rezultate și nu face rabat de la calitate. Muncește alături de oamenii lui, își respectă clienții și este mereu în pas cu tot ce înseamnă „actual" în materie de tunsori. Îmi place felul în care s-a reinventat și mai fac glume pe seama lui, atenționându-l să nu facă fracții din părul clienților.

Dacă am reușit să-l smulg din mediul lui, pe frate-meu, un om al calculelor, un priceput al ecuațiilor și un înamorat de cifre, atunci pot spune că sunt cu adevărat persuasiv.

Se întâmplă deseori să ne pregătim într-un domeniu și să excelăm în cu totul altul.

Trebuie doar să ne lăsăm purtați de destin!

Relația noastră intermitentă

Eram ocupat, înflăcărat, băgat în cursuri în evoluția mea ca lector. Muncisem pentru fiecare leuț pe care îl făceam. Era ceva nou, ceva pentru care nu mă pregătisem. Credeam că e de-ajuns să fii priceput în salon ca să poți preda și altora din cunoștințele tale. Pe parcursul modulelor pe care le predam, realizam că nevoile cursanților erau notițele și teoria, pe lângă demonstrațiile practice. Mă documentam noaptea, ca să am ce preda a doua zi. Viața mea era haotică și Larisa nu înțelegea implicarea mea atât de profundă. Cerea atenție când nu îi puteam oferi și intervenea când eram subjugat de presiunea lecțiilor pe care urma să le predau.

Lucram cu acribia unui sclav și nu aveam conștiința celor ce mă înconjoară, pentru că mă dedicam în totalitate obiectivului meu. Voiam să-mi demonstrez mie că reușesc, voiam să arat celor ce n-au crezut în mine că dețin controlul și că voi ajunge cineva în domeniul meu și țineam să arăt celor care mi-au pus piedici în viață și m-au umilit, că prin muncă și idei inovatoare, numele meu înseamnă ceva în București și în țară.

Aveam nevoie de înțelegerea Larisei și ceream rațiune și răbdare. Dar ea nu era dispusă să ofere ceva fără să primească altceva la schimb. Îmi oferea înțelegere dacă și eu îi ofeream timp și atenție. O înțelegeam perfect și eram în asentimentul ei. În locul ei, la o vârstă atât de fragedă, poate aș fi avut aceleași pretenții. Femeile, în general, în gingășia lor, mai mult se dăruiesc decât cer. Pretenția lor capitală e atenția! Nimic altceva!

Ajunsese să fie geloasă pe Mihai pentru timpul pe care mi-l petreceam cu el, ne contram des, fiecare venea cu argumentele lui și, dintr-o relație tihnită, devenise una permanent încordată. Am decis amândoi să ne separăm pentru o perioadă, până se așezau lucrurile în viața noastră. Am stat astfel șase luni separați. Eu am rămas în garsonieră cu Hera, ea s-a dus la părinți.

Eram cufundat în proiectele mele și nu aveam timp să-mi dau seama exact dacă mi-e dor de ea sau mă bucuram că plecase și că eram singur, liber să-mi definitivez planurile. Nu vreau să fiu ipocrit, mă simțeam bine fără ea și îmi părea rău că gândesc așa, dar, dacă mi-ar fi arătat mai multă înțelegere și n-ar fi emis pretenții prea mari, am fi fost împreună. Eram doi încăpățânați și, într-o coridă, oricât de voluminoasă era, nu era loc de ambițiile noastre. Discuțiile frecvente ne-au îndepărtat și nu ne mai aparțineam demult, nici fizic.

După aproximativ șase luni, am decis să revenim, să refacem relația. Fiecare dintre noi spera că celălalt s-a schimbat. În realitate eram aceiași, ba defectele ni se cronicizaseră și se accentuase beatitudinea relației de la distanță.

Oricât am încercat și ne-am dorit să ne reunim, n-a mers. Arătam ca un cuplu vetust, sătul de conviețuire, puși mereu pe harță. Ca să nu punem punct brusc, ne-am mai acordat un liber de câteva luni, sperând că totul se va sfârși cu happy end pentru amândoi.

Ne interesam unul de soarta celuilalt, ne sunam, ne căutam, ne mai povesteam întâmplările de peste zi și devenise mai mult confesoarea mea, decât iubită. Scânteia aia se stinsese de tot. Mi-era la fel de dragă, dar ființa ei nu-mi mai spunea nimic care să mă incite. Funcționam perfect ca prieteni și am convenit să rămânem în limitele unei prietenii agreabile, să nu ne despărțim niciodată și să avem grijă unul de celălalt. I-am promis că n-o voi lăsa și că oricând îi voi oferi suport moral și un umăr la nevoie.

Ca să știu sigur că muncește și că face ceea ce-a învățat lângă mine pe parcursul acestor ani, am ajutat-o ca împreună cu Andreea, colega mea de la salonul Rodicăi Cernea, să își deschidă un salon de coafură, unde ea e stilistă și make-up artist. Căci, da! Andreea a părăsit salonul „Revolution Style" al Rodicăi, sătulă de fițele și malițiozitățile ei și a decis să pornească propria afacere. S-a dovedit a fi o decizie înțeleaptă și plină de succes.

Sunt deja ani de zile de când Andreea și Larisa lucrează împreună, au o clientelă strălucită și sunt mulțumite de alegerea făcută. Eu și Larisa n-am pierdut niciodată contactul, ne căutăm, ne sunăm și suntem mândri că am reușit să ne dăm seama la timp că nu ne potriveam și că am fi sfârșit urât dacă mai continuam relația.

Suntem și azi prieteni de suflet, din când în când ne căutăm și ne întrebăm de sănătate. Mi-a purtat constant respect și consideră că datorită mie și-a descoperit vocația și are o meserie frumoasă și bănoasă. Azi are o relație cu un tip cu care se potrivește și au planuri de viitor, pe care mereu le încurajez.

Ce-mi puteam dori mai mult în ceea ce o privește?

Toate femeile să vină la mine!

Liber și fără nicio relație stabilă, deodată eram deschis oricărei conexiuni, fie și de o noapte. Se răzvrătise spontan ființa mea interioară și își dorea să cunoască femei, cât mai multe femei. Aveam un lipici de care eram conștient și îmi plăcea că sunt observat, admirat, dorit. Îmi gâdila orgoliul masculin și mă făcea să vreau din ce în ce mai mult.

Dependența de femei e ca oricare altă dependență: te face să-ți dorești mai mult și oricât de multe ai avea, tot n-ajungi la saturație. Rămâneau la mine, peste noapte, cursante tinere, femei măritate, frumoase sau doar corpolente, balerine pe care le cunoșteam din salon, tipe curioase să mă cunoască, din mediul online și cu care sfârșeam iubindu-mă câte o noapte.

Nu promiteam nimănui nimic. Eram onest și nu-mi plăcea să mă joc cu sufletele. Nu eram geambaș de sentimente. Voiam doar să am experiențe sexuale, fără nicio implicare și voiam să cunosc femeile în profunzimea lor.

Am lucrat atâția ani printre femei, le știam caracteristicile când aparțineau unui grup în care se aflau și alte femei. Toate deveneau bârfitoare, răutăcioase, excesiv de curioase și obositoare în discuțiile lor ieftine. În loc să-și vadă lungul nasului, să se desăvârșească pe ele însele, ca femei, să se dezvolte personal, preferau să se focuseze pe ceea ce face colega, ca să aibă motiv de flecăreală. Nu participam niciodată la bârfa lor și mi se părea timp pierdut, total neconstructiv, care otrăvea sufletele și altera relațiile.

Cunoșteam femeile în mediul de lucru și am avut câteva relații prelungite, dar nu puteam spune despre mine că sunt un Don Juan, mare expert în femei. Mai sufeream și de-o emotivitate pe care abia reușeam s-o ascund. Eram obișnuit, în relații lungi, să fiu fidel și să nu râvnesc la ce nu-i al meu. În familia mea, afemeiații, fustangii, aveau aceeași etichetă de bolnavi și maniaci, ca și bețivii, cleptomanii sau schizoizii.

În fuga mea spre muncă, afaceri și bani, nu mă concentrasem niciodată pe relații pasagere cu femei, deși prietenii mei o făceau. Când povesteau, nu-i invidiam și nici nu-mi stârneau curiozitatea. Nu-mi plăcea când se împăunau cu reușite facil de obținut. Nu era genul meu să sar din pat în pat, din relație în relație. Dar această stare de nepăsare și apatie se transformase în dorință de explorare și de implicare în relații efemere, într-un număr cât mai mare.

Ziua munceam, predam cursuri, vorbeam ore întregi despre tehnici de coafare și frizerie, iar nopțile mi le consumam, în fiecare seară, cu altcineva. Rareori se întâmpla să stăm împreună două nopți; deja suna a plictiseală. Îmi plăcea diversitatea, versatilitatea cu care le băgam în pat și făceam din asta un joc unde doar eu mânuiam pionii și tot eu câștigam.

Femeile nu sunt discrete, nu știu să păstreze taine și povesteau și altora despre aventurile cu mine. Se nimerea uneori să se confeseze unei tipe care trecuse și ea prin patul meu, iar de acolo urma o dramă între ele. Se dusese repede vestea că sunt un afemeiat și că obiectivul cursurilor mele era să-mi găsesc aventuri. Nu mă onora această ipostază, așa că am decis să mă retrag din cursa aventurilor de-o noapte. Mi-a fost ușor, am făcut-o fără niciun efort și fără niciun regret. Acumulasem numeroase experiențe și m-am considerat un bărbat rutinat în privința femeilor. Mă vindecasem de emoțiile care îmi umbreau scurtele relații. Devenisem expansiv și versat în compania oricărei femei. A fost o lecție bine venită, pe care am învățat-o timp de doi ani, de la diverse profesoare, cu variate talente.

De ce să fi privit viața pe gaura cheii, când o puteam privi drept în ochi? Acum aveam puterea!

Sunt bărbat și nimic din ce-i omenesc nu mi-e străin!

Un campion, o campioană...

Mă situam undeva în topul școlilor de coafură. La aproximativ 4 ani de la despărțirea de Rodica Cernea și salonul ei, de când îmi propusesem să merg pe un drum individual, cifrele mele de afaceri se situau la peste jumătate de milion de euro, bani care se reinvesteau permanent. Îmi extinsesem afacerile mai mult decât visasem, iar Mihai Serester avea grijă să mă fac cunoscut. Datorită contactelor și mediului în care lucram, mi-am cizelat în mod obligatoriu limbajul, mi-am amplificat capacitatea de relaționare și am devenit mai temperat. Îmi cântăream vorbele, îmi făceam o sinteză prealabilă a discursului pe care urma să-l susțin și reușeam, prin talentul meu de orator, recent descoperit, să atrag atenția a sute de participanți. Îi vedeam că nu-și luau ochii de la mine, că nu se duceau nici la toaletă și că sfaturile mele prezentau interes.

Paginile de Facebook, pline de încurajări și aprecieri, mi-au confirmat că sunt o voce importantă și că trebuie să merg mai departe pe calea motivării și a schimbării mentalităților care ruinează tineretul și îl menține într-o bulă haotică. Toate cursurile mele sunt însoțite de sfaturi directe, pe care toată lumea ar trebui să le ia în serios. Într-o lume în care nimeni nu se bucură de ascensiunea celuilalt, în care răutatea și lipsa sistemului de valori e la loc de cinste, îmi place să cred că sunt omul care deschide ochii celorlalți și îi conduce pe un drum care are la capăt îndestularea și succesul, numai că moneda de schimb este munca asiduă și sacrificiile.

Postând o mulțime de videoclipuri adresate celor care își caută menirea și o potecă clar luminată, am reușit să atrag simpatia multor români. Printre multitudinea de mesaje primite, într-o zi în care transmiteam un live, mi-a scris campioana olimpică de gimnastică Anamaria Tămîrjan, pe care o urmărisem cu interes în timpul Olimpiadei de la Beijing. Mă onorau încurajările ei. Curios, m-am uitat printre fotografiile postate pe pagina personală și am găsit-o nostimă. O vulpiță nostimă care-mi plăcea tare mult! Simțeam că trebuia s-o cunosc. Eram în perioada mea liberă, nefiind implicat în nicio relație serioasă, ci numai nopțile mi le petreceam cu câte cineva, de dragul distracției.

Am schimbat prin mesajele facebook numerele noastre de telefon și am început să discutăm despre noi. Am aflat că urmează să plece în Anglia, să antreneze o echipă de gimnaste și contractul era de aproape un an. Avea o voce cristalină și discuțiile cu ea îmi stârneau curiozitatea de a o întâlni în realitate. Era la Ploiești și n-aveam posibilitatea să mă deplasez spre ea. Aveam cursuri de ținut și începusem să-mi construiesc casa. În timpul meu liber stăteam pe lângă arhitecți și constructori. Așa că, Anamaria, mânată de curiozitate, dar și de îndrăgostire subită (avea să mi-o spună mai târziu), a venit la București și ne-am întâlnit la Braseria Zexe, la Aviatorilor.

Când a apărut Anamaria, eu eram deja acolo, mort de curiozitate și interes. I-am remarcat mersul, propriu gimnastelor, părul negru, trăsăturile orientale, fața exotică. Doamne, ce frumoasă era! Îmi venea s-o sărut înainte să se așeze și să ne spunem „Salut!", să fac abstracție de cei din jur și s-o acopăr cu sărutări. M-am abținut cu greu vreme de un sfert de oră, timp în care am discutat nimicuri. N-am mai rezistat și am sărutat-o mai mult forțat, ca un sălbatic necontrolat. Dar Anamaria nu m-a repudiat. Stătea inertă, cu ochii închiși și sorbea clipa. Am ținut-o un pic în brațe și mă uluia corpul de sirenă, perfect sculptat. Ne-am plăcut reciproc și ne adulmecam, fără să ne mai ascundem sentimentele.

Mi-a scris campioana olimpică de gimnastică, Anamaria Tămîrjan.

Cât ne-am băut limonada, ne-am povestit pe scurt viețile. Narațiunea ei se reducea la gimnastică, deplasări, muncă titanică la antrenamente, medalii și am aflat că nu e singura frumusețe: mai are o soră geamănă, identică, care a fost și ea gimnastă, pe care o chema Adriana. Familia ei era în Ploiești și o vizita cât de des putea. Nu era versată în relații, nu avusese prieteni prea mulți, căci sportul îi ocupase aproape toată viața.

Anamaria mă fixa în timp ce vorbea și îmi plăcea sinceritatea și volubilitatea ei. Era cu totul altceva față de ce cunoscusem până atunci. Avea seriozitatea și determinarea care îmi plăceau la ea. Numai că, în momentul acela, eu nu aveam dispoziția necesară să mă implic într-o relație serioasă și de durată, așa cum ar fi vrut ea. I-am povestit despre fostele iubiri, din care am ieșit rănit și decepționat. Mă simțeam bine singur, neimplicat, necondiționat de nicio regulă a vreunei partenere. În plus, voiam să-mi termin proiectele cu școlile de frizerie și coafor și cu casa din Dobroiești, pe care o începusem. Am fost sincer cu ea, căci detestam s-o păcălesc, dându-i speranțe deșarte. Am asigurat-o că putem fi prieteni și că nu se știe ce ne rezervă viitorul.

Din ziua aceea, am ieșit zilnic împreună. Ne duceam la Brașov, prin munți și văi, prin cafenele și restaurante, ne plimbam pe străzile orașului, prin Piața Sfatului, umblam bezmetici și ne amuzam din nimicuri. Anamaria era haioasă și nu mă plictiseam niciodată cu ea.

Dar a venit vremea să-și onoreze contractul încheiat cu echipa de gimnaste din Anglia și m-a anunțat că urmează, în curând, să plece. Mă obișnuisem mult cu ea, mi-era drag râsul ei natural, vorbele ei și însăși ființa ei, care mă făcea să uit de toate.

Cât a stat în Anglia, mi-a scris necontenit. Eu, luat cu treburile și implicat într-o mulțime de proiecte, mai uitam să-i dau semnale. Ea, perseverentă, ambițioasă și furibund îndrăgostită, n-a capitulat. Îmi plăcea că nu abandonează și că am rămas acolo, în inima ei.

La întoarcerea din Anglia, n-am mai lăsat-o să stea departe de mine. Îmi doream s-o cunosc mai bine, s-o simt aproape și am simțit că merită toată atenția, așa că i-am propus să locuim împreună, în garsoniera mea. Îmi repugna viața mea de singuratic, schimbând femeile mai des ca pe șosete. Nu mă onora, nu mă caracteriza și voiam să trec la polul opus. Am ales-o pe Anamaria și era alegerea definitivă.

Locuind împreună, i-am văzut caracterul puternic, de lider, capacitatea de înțelegere și de adaptare. I-am iubit din prima clipă fiecare parte a rațiunii: mentalitatea ei o completează pe-a mea cu succes. Cunoscându-i familia – părinții, sora geamănă și fratele – am realizat că tăria de caracter nu vine doar din sport, ci și din familie. A reușit să-i impresioneze pe părinții mei cu altruismul și blândețea ei. Anamaria e prietena de care mama nu se desparte, iar tata are, în sfârșit, fiica pe care și-a dorit-o.

În primele discuții pe care le-am avut când ne-am mutat împreună, am asigurat-o de loialitatea mea și, în consecință, i-am cerut să-mi acorde totală încredere. E convinsă de devotamentul meu și nu i-am dat niciodată prilejul să creadă altfel, dar din motive de iubire extremă, pe care o ponderează mai greu, încă mai are accente de gelozie. Uneori îmi plac, alteori mă obosesc, dar am convingerea că toate aceste sentimente vin din imensa iubire pe care mi-o poartă, ceea ce nu-i rău.

Lucrăm împreună la proiectele mele, îi cer întotdeauna părerea, iar multe dintre ideile bune sunt inițiate de ea. „Mesaj către tineret", proiect demarat online, care are un impact formidabil în rândul tinerilor români de pretutindeni, a fost ideea ei. Prin Anamaria, renumită în mediul sportiv, am cunoscut o mulțime de personalități, cu care am legat, ulterior, prietenii durabile.

Anamaria, călită și educată într-un sport greu cum e gimnastica și-a format un caracter de oțel. Își controlează firea dominatoare, de conducător, nu-mi diminuează niciodată autoritatea de bărbat și ăsta e un folos pentru relația noastră într-o continuă plăsmuire. Nu-mi doresc să fie iubita-mamă, iubita-gardian, iubita-zbir, iubita-sclav supus! I-am cerut să fie ea așa cum e, să nu-și reprime naturalețea!

Îmi închipui mereu că Anamaria este cadoul lui Dumnezeu pentru mine. Mă consider un campion și cel mai bine mă completează... o campioană!

Mi-am propus să schimb destine

*„Doar cei care s-au ajutat singuri
știu cum să-i ajute pe alții."*
George Bernard Shaw

Viața nu mi-a fost tocmai roz. Am cunoscut, încă din anii adolescenței, munca, umilința, durerile, rănile sufletului și ale trupului. Am fost nevoit să mă descurc singur, să găsesc căi de supraviețuire sau de trai minim și mult timp n-am avut nici pretenții la decență. Am primit rareori câte o mână de ajutor. Știu ce înseamnă să fii prăbușit, să nu mai speri în nimic, să primești de la viață numai șuturi în fund și palme peste ochi.

Tocmai pentru că nu-mi uit suferințele, nu le ascund și mă ofer ca exemplu ori de câte ori am ocazia, am ieșit în întâmpinarea multor suflete rătăcite, a oamenilor fără niciun țel precis care nu mai credeau că-și vor vedea viața așezată.

Mi-am propus să schimb viața celor care își doresc asta. Sunt la post ca un soldat devotat și ofer sfaturi, exemple și propuneri pentru o carieră. Nu-mi fac un titlu de glorie din ceea ce am realizat pentru alții, dar dăruiesc celorlalți, rătăciți încă, exemple vii. Oricine poate merge pe drumul meu sau pe drumul lor. Nu trebuie decât ambiție, renunțarea definitivă la cutume inutile de tipul *„Eu nu pot!"* și apoi seriozitate. Oamenii îndrumați de mine vă pot împărtăși, de asemenea, experiențele lor.

Tudor Paul - am văzut în el potențial și dăruire.

Dintre cei peste 3.000 de cursanți cărora am avut onoarea să le fiu profesor și îndrumător, vă enumăr câteva exemple, pentru care eu însumi, îmi plec capul și spun: „Jos pălăria!":

Armando Cristian Zahiu – fost boxer la Dinamo, nu s-a gândit niciodată la o carieră în hairstyling. Cunoscându-mă, fiindu-mi elev și urmându-mi sfaturile, astăzi deține un salon de coafură și este un stilist de marcă.

Mitică Emilian – fost spălător de mașini, un tânăr care n-a crezut niciodată că va reuși să învețe tainele frizeriei, astăzi are o carieră strălucită în hairstyling, în inima Londrei. Cu banii câștigați onest, din muncă asiduă, își construiește o frumoasă vilă în București.

Tudor Paul – era ceea ce se numește „piază rea". Crescut în Pantelimon, renumit ca bătăuș. Eu am văzut în el potențial și dăruire. L-am agasat câțiva ani și l-am adus aproape cu forța la cursurile mele, dorind să-l smulg din „mirajul" vieții de cartier. Astăzi este lector la școala mea, predă cursuri de frizerie și a înțeles că seriozitatea și munca duc, într-adevăr, pe un drum corect.

Manea Andra – o tipă casnică, fără o stimă de sine conturată, după cursurile la care a participat și la care i-am fost profesor, și-a schimbat percepția despre propria persoană și a renunțat la *„Nu vreau! Nu pot"*, conștientizând că sunt în detrimentul ei. Astăzi e lectorul meu valoros și predă coafură și coafuri speciale, de tipul împletiturilor.

Erceanu Gabriel – un domn trecut de 40 de ani, care lucrase toată viața ca vânzător. Avea o teamă în a-și schimba meseria, insista să nu-și acorde încredere în forțele proprii. Mă uimea și mă irita bariera negativă pe care zilnic și-o bătea-n cuie! Pe durata cursului de frizerie, când el spunea *„N-am să pot. Nu reușesc."*, i-am stat în ceafă ca o umbră și i-am strigat în ureche *„Ba poți!"*, până l-am determinat să spună ca mine. Mi-am stabilit o misiune în a-l convinge să apuce un alt drum decât cel al îndoielii. Mi-a reușit. L-am angajat într-o frizerie și cel care mergea la pas cu frica nereușitei, după un an, când l-am reîntâlnit, avea o agendă plină de clienți și frizeria era rațiunea lui de a trăi.

Ion Daniel – frizer din Pitești, a dorit să se perfecționeze la cursurile mele. A văzut nivelul școlii noastre și a decis să-și schimbe definitiv domiciliul: a dat Piteștiul pe București, ni s-a alăturat și, când am considerat că e apt, l-am numit profesor și predă cu maximă acuratețe tainele frizeriei.

Nuță Nicolae – pe care l-ați întâlnit pe parcursul povestirii mele cu numele de Nicu sau Pompi, cel care mi-a întins o mână frățească atunci când am fost cel mai amărât, iar mama lui, asistentă, mi-a salvat mama din ghearele alcoolismului, astăzi, la îndemnul meu, se ocupă de vânzarea accesoriilor de frizerie și coafură, site-ul său, accesoriidefrizerie.ro, situându-se pe locul fruntaș în vânzările din acest domeniu.

N-am uitat niciodată mâna întinsă pe care mi-a acordat-o și sunt onorat că mi-a dat ocazia să-i demonstrez prietenia și sprijinul meu, așa cum a făcut-o și el.

Acestea sunt doar câteva exemple din cele peste 3.000 de persoane care au trecut pe la cursurile mele și cărora le-am marcat, într-un fel frumos, cariera și viața. Consider că trebuie să împart din experiența mea și că sunt obligat să dăruiesc mereu din ceea ce am primit. Pun semnul egal între toți oamenii și nimic în lumea asta nu-mi dă dreptul să mă cred cineva.

Nu sunt decât un om plin de răni, care a răzbit, s-a rugat, a îndurat și a vrut întotdeauna mai mult. Am văzut că nimic nu mi se livrează la ușă, nimic nu vine fără implicare și dăruire, nimic nu se construiește fără muncă! Și, mai ales, că succesul adevărat se obține în echipă, atunci când fiecare membru devine specialist în ramura căreia i s-a dedicat.

Tot ce iubesc e-n carnea mea...

Port pe ambele brațe repere ale existenței mele. Nu sunt simple tatuaje, alese de pe internet, sau desene la întâmplare. Fiecare dintre ele reprezintă principii după care mă conduc și persoanele dragi care îmi sunt parte a vieții.

Pe brațul stâng sunt expresiile latinești care mi-au devenit reguli stricte: *„Iartă și nu judeca!"* și, pentru că n-aș fi reușit niciodată fără EL, se află acolo, pe braț, pe aceeași parte cu inima: *„Nimic fără Dumnezeu!"*, concept

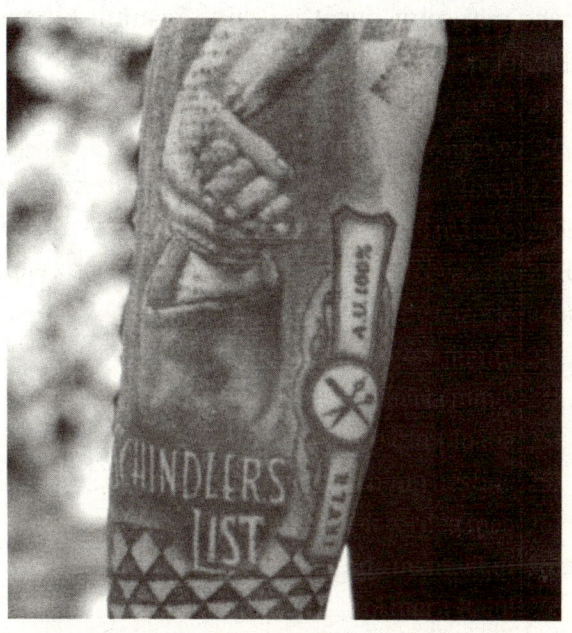

Port pe ambele brațe repere ale existenței mele.

în care cred şi pe care îl spun de fiecare dată cursanţilor mei. Nu le impun să privească neapărat prin prisma mea, nu ţin lecţii de spiritualitate creştină, spun doar că eu niciodată n-aş fi reuşit să trec printr-o viaţă de calvar, fără rugăciunea către EL şi fără îngăduinţa Sa.

Pe braţul drept, exact pe mijloc, la loc de cinste, e foarfeca. Instrumentul care m-a smuls din sărăcie şi care m-a plasat acolo unde nu visam vreodată. Datorez acestei ustensile tot ce am şi, în salon, în clipele de singurătate, o duc la gură şi-o sărut. Îi arăt preţuirea mea.

„Schindler`s List", în regia lui Steven Spielberg, este unul dintre filmele care m-au marcat. Iar personajul, Oscar Schindler, mă inspiră continuu să dăruiesc, să mă sacrific pentru ceilalţi fără să aştept nimic la schimb.

O înlănţuire de iniţiale reprezintă oamenii pe care îi iubesc mai mult decât pe mine însumi: mama, tata, fratele meu, bunica, bunicul şi Mioara, cel mai cald suflet pe care l-am întâlnit. E mereu în sufletul meu, chiar dacă, fizic, s-a dus de mult la ceruri.

Le-am săpat pe toate acolo, adânc, în carnea mea. Să-mi fie aproape, să-mi amintesc mereu care mi-e destinaţia pe acest pământ şi să-i port cu mine pe cei pe care îi iubesc.

Sculptor de mentalități

Am lucrat cu mii de oameni proveniți din diverse medii de educație și cultură. Am observat, de-a lungul anilor, că ceea ce-i oprește pe români să înainteze este mentalitatea. În mod paradoxal, suntem proprii noștri inamici. Etica societății noastre a fost construită, de-a lungul zecilor de ani, pe o structură ambiguă. Nu suntem principiali, nu ținem la noi înșine, nu ne valorizăm, ne punem piedici. Ne simțim bine în confortul creat, chiar dacă asta înseamnă lipsa luptei, a ambiției și a evoluției. Preferăm să lâncezim într-un „*dolce far niente*" decât să începem să ne reinventăm.

M-am erijat, cu sau fără voia celorlalți, în sculptor de mentalități. Am luat-o ca pe o misiune pe care mi-o desăvârșesc în cadrul cursurilor școlilor mele *„Academia de hairstyling Adrian Niculescu"* și *„Școala de frizerie Point Cut"*. Am inițiat și șlefuit profesori care predau tehnici de coafor și frizerie, iar rolul meu este de a motiva cursanții și de a le amplifica stima de sine. Mă interesează ca după ce au absolvit cursurile școlii mele, să nu se mulțumească doar cu o diplomă, ci să înceapă să-și consolideze fiecare un drum în viață. Abia atunci, pentru mine, misiunea este îndeplinită.

Mă implic în licee, în universități, acolo unde sunt chemat și e nevoie de mine. Nu vorbesc cu notițe în față, nu am discurs dinainte creionat, spun ceea ce simt, în mod firesc și cred că asta îi atrage pe miile de tineri care îmi urmăresc postările. Nu mă inspir de nicăieri, nu urmez teoria nimănui și nu sunt fanul niciunui speaker motivațional din America, Franța, Anglia sau din alte zări. Noi suntem români și trebuie să funcționăm în concordanță cu societatea noastră. Oricât am dori, niciodată nu putem potrivi sfaturile unui american pe o cazuistică românească.

Spun ce simt și cred că asta îi atrage pe miile de tineri.

De aceea am considerat necesar, în funcție de cererile primite și de doleanțele celor care mă urmăresc, să inițiez proiecte care se desfășoară online, în format video, cu temele: **„Relații, sfaturi, cupluri"**, **„Mentalitatea românului"** și **„Mesaj către tineret"**, în care încerc să obțin de fiecare dată interviuri cu personalități îndreptățite să le explice tinerilor ce înseamnă succesul și cum se obține. Sunt oameni care au trecut prin diverse etape ale vieții, iar acum, aflați în vârf, îi pot sfătui pe cei care își doresc mai mult de la viață.

Mi-am atras admirația unora și am declanșat, altora, un val de ură și repulsie. Justific neîncrederea lor prin faptul că nimeni în România nu oferă nimic gratuit. Eu nu vreau să fiu confundat cu majoritatea. M-am detașat demult de turmă. Cine ia de bun sfatul meu, bazat pe experiență și exemple, sunt mulțumit. Cine îl respinge și face din el un motiv de sarcasm, nu mă deranjează, ci mă sperie agresivitatea cu care îmi sare la gât, când eu nu doresc decât, în cel mai pașnic mod, să-i dau un sfat bun. Am acceptat mereu dezbaterea atunci când au existat argumente și când s-a dorit un dialog. Violența verbală, ironia, aroganța, nu mai pot fi, în aceste vremuri, instrumente ale dialogului.

Cred că e nevoie de mentori, de sfaturi directe și de exemple acolo unde familia, școala, societatea și-au spus deja cuvântul.

Eu sunt alături oricui are nevoie de mine! Nu fac rabat de la misiunea mea de a îndrepta căi greșite și de a le arăta celorlalți lumina de la capătul tunelului.

După ce am trecut prin Iad, cred că îmi merit Raiul

Sunt posesorul unui Rai! E Raiul meu, pe care l-am construit cărămidă cu cărămidă. Nu mă laud cu el – mereu am considerat modestia ca fiind cea mai strălucitoare dintre virtuți. Doar îl descriu, îl aduc în lumina tuturor, ca pildă pentru românii mei dragi, obișnuiți să pună vina nereușitei în cârca politicii, a vremurilor, a primăriei, a familiei, a lipsei banilor... sau chiar a destinului necruțător. Toate astea nu există! O spun din experiența mea. Sunt himere atunci când îți dorești cu ardoare să ajungi undeva. Nimeni nu-ți pune piedică mai tare decât îți pui tu însuți, printr-o gândire perimată care mereu te va trage în jos!

Raiul meu e rezultatul muncii mele și oricine își poate construi Raiul propriu. Nu vreau să țin pentru mine tainele reușitei în carieră. Știu că Dumnezeu mi-a dat și, o lege nescrisă spune că eu trebuie să transmit mai departe. Așa e uman și corect.

Eu nu sunt un guru al succesului; sunt conștient că mai am multe de învățat și o fac în fiecare zi a vieții mele. Învăț din greșelile mele și ale altora, învăț din succesul meu și al altora. Învăț, apreciez, mă-nclin, aplaud, ofer.

Iar dacă ceva n-a funcționat așa cum am estimat, dacă planurile mele au dat greș și dacă am omis ceva în calculele mele, am învățat să-mi asum eșecul, să spun: *„Punct. Și de la capăt!",* conștient fiindcă nu toate îmi pot merge, întotdeauna, din plin.

SFÂRȘITUL ÎNSEAMNĂ UN NOU ÎNCEPUT

E Raiul meu, pe care l-am construit cărămidă cu cărămidă.

Nu există nicio școală care să ne predea omenie, succes deplin, răbdare, îngăduință. Suntem nevoiți să învățăm, trecând prin experiențe proprii, lovindu-ne de vicisitudinile vieții. Acolo e școala cea mai dură, din care ori ieși învingător ori învins. E chestie de alegere.

Familia Niculescu

Așteptând copilul nostru, în casa noastră nouă.

Vise devenite realitate!

Adrian Niculescu

Cariera Ta Misiunea Mea

www.Stilistultau.ro

Academia de Hairstyling Adrian Niculescu a luat naştere în 2014. De aici a început totul, a fost primul start-up în care am investit între 50 şi 100 euro pentru a începe.

Am venit cu un concept unic pe piaţă, chiar şi în ziua de astăzi, şi anume *Cursul de Coafor care durează doar o lună* şi prin care poţi obţine diplomă recunoscută şi acreditată de Ministerul Educaţiei Naţionale.

Din prima zi am făcut diferenţa, prin felul în care ne tratăm cursanţii. Ca şi acum, ne dedicam 200%, cu fiecare în parte, avem doi profesori la fiecare grupă de maxim 12 persoane.

Până în prezent am avut peste 2000 de cursanţi, care ne reprezintă acum acolo, în piaţă - ei sunt ambasadorii noştri.

Şcoala de Frizerie
By Adrian Niculescu

www.CursuriDeFrizerie.ro

 Şcoala de Frizerie Point Cut este mai tânără, are doar 2 ani. Am simţit destul de repede nevoia de educare şi pe partea de frizerie (tuns bărbaţi). Încă de atunci, grupele lunare au fost umplute până la refuz, lunar avem câte 3 sau 4 grupe, de câte 12 oameni pe grupă, de asemenea cu câte doi profesori specializaţi în frizerie/barbering.

 La fel ca la cursul de coafor, după o lună concentrată de cursuri, cu 90% practică, cursanţii absolvă cu diplomă acreditată şi recunoscută de Ministerul Educaţiei. Cum explozia de frizerii din România a fost rapidă, am fost nevoiţi să satisfacem această cerere crescândă de personal.

 În permanenţă stăm cu degetul pe pulsul pieţei şi ştim foarte clar că suntem numărul 1 şi la cursurile de coafor şi la cele de frizerie. În primul rând pentru cum ne implicăm, cât de mult ne dedicăm şi, nu în ultimul rând, pentru faptul că avem un sediu superb pe Bulevardul Aviatorilor, nr. 63, dotat ca un salon de lux. De la pieptăni de marcă, produse de styling, maşini de tuns de top, unităţi de spălare, la posturi de lucru moderne.

 La fel ca la cursul de Hairstyling (coafor) avem grupe lunare, şi toţi cei care reuşesc să prindă loc, se înscriu cu o lună sau chiar două înainte, pentru că acestea se ocupă foarte repede.

Frizeria București
Frizeria cu un singur scaun
By Adrian Niculescu

www.FrizeriaBucuresti.ro

Pe partea de frizerii, în 2015, când am venit cu acest concept unic, am ridicat ștacheta calității frizeriilor în toată România. Până în acel moment existau foarte puține frizerii în București. Existau și mai puține frizerii orientate spre client, spre aspectul acestuia și spre cum se simte clientul când intră într-o frizerie.

Genul de frizerie existent până atunci era acela de cartier, cu lumină albă ca în alimentara, gresie roșie pe jos și poze vechi cu băieți tunși ca superman, foarte perfecționist și cu linii exacte, nenatural.

Frizeria București este și astăzi recunoscută ca și „Frizeria cu un Singur Scaun".

WOW – doar un scaun de tuns în toată frizeria? DA!

Asta înseamnă că ești doar tu cu frizerul la ora programată, nu mai sunt în 2, 3, 4 persoane care așteaptă ca frizerul tău să se grăbească cu tunsoarea pentru că le vine și rândul lor, înseamnă că te poți apropia mai mult de client, se creează o relație frumoasă Client-Frizer.

Clienții se deschid și încep să povestească chiar și despre viața lor personală, secrete, bârfe etc.

Foarte important de menționat este că la noi poți să primești banii înapoi. CUM? Păi, simplu, avem o garanție: *Dacă aștepți mai mult de 30 de secunde peste ora stabilită pentru programarea ta, TE TUNDEM GRATUIT!*

Vreau să îți spun că s-a întâmplat de cinci ori în trei ani și atunci când se întâmplă, mă bucură, pentru că acei oameni pleacă surprinși de asta și mai povestesc la încă cinci prieteni.

AN
by Adrian Niculescu

www.AdrianNiculescu.ro

Sunt singurul Hairstylist din România care a lansat o gamă de produse pentru păr care îi poartă numele.

Eu, fiind un patriot convins, am reușit să închei o colaborare foarte frumoasă cu o fabrică renumită din România.

Cu certificate la zi, certificari ISO și ingrediente 100% naturale, am reușit, în 8 luni, să lansăm întreaga gamă.

Și aici am vrut să mă diferențiez și am reușit. Este suficient să cumperi o singură dată un produs și devii dependent. Fie că ești femeie și ai folosit uleiul de păr sau poate masca de păr, fie că ești bărbat și folosești ceara mată sau un balsam untos pentru barbă, dacă ai apucat să încerci produsul, gata, îl vrei mereu.

Am gândit această gamă pentru a rezolva problemele femeilor și pe ale bărbaților, legate de păr. În cei peste 12 ani de experiență în domeniu, am folosit sute și sute de produse, de la toate brandurile posibile de pe piață.

Psihologia clienților o cunosc aproape la perfecție, știu ce vor de la părul lor, știu că vor mișcare, vor să fie viu, vor să fie mândre cu el, să fie hidratat, să nu se electrizeze.

Cu această gamă am venit să rezolv fix aceste nevoi și, din acest motiv, vânzările au explodat și toate produsele sunt cerute zilnic.

Știu de când eram mic faptul că atunci când apărea un suc delicios – sau un gel de păr sau un deodorant – în primele luni era un produs genial, după care începeau să schimbe rețeta, să dilueze compoziția, pentru un profit cât mai mare.

Mereu am urât chestia asta și mi-am promis că dacă o să am ocazia, am s-o ocolesc și n-am s-o fac niciodată. Așadar, promisiunea acesta mi-o respect și astăzi, în toate afacerile mele.

Toate produsele gamei AN vor rămâne la fel de extraordinare și de bune MEREU!

Adrian Niculescu
Speaker Motivațional

www.AnMotivational.ro

În septembrie 2017 am decis să fac o pagină, separată de Facebook, unde să urc video-uri în care discut cu oamenii, le ridic moralul și îi motivez, îi ridic de jos.

Nu mi-am putut imagina că va ajunge pagina numărul 1 din România pe partea de motivare. Am video-uri cu peste 5 milioane reach-uri și zeci de mii de share-uri.

Am început să primesc mesaje, românii au pornit să mi se destăinuiască, să îmi scrie problemele lor cele mai întunecate, cele mai intime și cele mai apăsătoare. Simțeam că nu îi pot ajuta fizic pe toți, așa cum mi-aș dori. Răspundeam la mesaje zilnic, ore întregi în care îi compătimeam, le dădeam soluții. Sute de mesaje prin care îmi mulțumeau că le-am schimbat viața. Că și-au salvat căsnicia, că și-au recăpătat încrederea în ei, că s-au apropiat de copiii lor, că au renunțat la sinucideri, droguri și multe altele.

După opt luni, am decis să lansez unica PLATFORMĂ MOTIVAȚIONALĂ din România. Acolo am structurat, pe Module, toată informația.

Module unde ofer soluții, dau chei, căi de rezolvare, prezint cazuri reale, expun faptele prin care și eu am trecut și explic pas cu pas cum am reușit eu să trec peste toate problemele.

Gelozie, Despărțire, Anturaj, Depresie, Înșelat, Modul pentru părinți, pentru românii din Diaspora, pentru Motivare, pentru planul profesional și multe altele...

Mesajul general pe care îl transmit este:

„Am nevoie nu de aprecierile voastre, am nevoie ca voi să începeți să vă apreciați pe voi înșivă, să deveniți autentici și puternici, eu doar vă arăt că și voi puteți!".

CUPRINS

11	Prefață
13	Vremuri bune, vremuri roz
17	Tata, eroul meu
23	Mama, ce lady!
26	Dumnezeu – de frică, de drag, de nevoie
28	Oamenii mei, lumea mea
34	Doamne, de ce ai inventat școala?!
38	Primele umilințe mi le-a „dăruit" bunica
43	Vremuri negustorești, vremuri de tranziție
48	Cum nicio minune nu durează prea mult
53	Măcar să furăm cu toții
56	Început de sfârșit: credite în bănci
58	Alte soluții „salvatoare": alcoolul și cămătarii
62	Din datorii în datorii, pe drumul nenorocirii noastre
66	Pierdea casei – pierderea noastră
69	Eu? Mai trăiam din când în când
73	Ce-mi place, aia fac!
78	Marina, prima iubire
81	Ultimul an de liceu, un infern
85	Noua noastră casă, un loc străin, unde nu mă regăseam
90	O ușă deschisă nu-i neapărat prilej de bucurie
94	Din casă în casă, pe unde apucam
98	Să reiau lanțul umilințelor
102	Ce-o mai face tata?
105	Fără o țintă anume
108	Mioara – mama răniților
112	O iubire aproape maternă
116	Pizza Hut, primul loc de muncă serios
119	Haide, mamă, zi „Adio" alcoolului
123	Niciun om bun nu scapă nepedepsit!
133	Din casă în casă, ca nomazii

CUPRINS

Speranță la orizont!	135
La Pizza Hut, viața continua ca o tortură	137
Demersuri, cerințe, condiții de îmbarcare pe vas	139
Nici nu m-am mai uitat în urmă	142
Casă nouă, pereți vechi	145
Job-ul la Nescaffé, curată vacanță	151
Și-a apărut ea	153
Iarna nu-i ca vara	156
De la extaz la agonie	159
Să închidem conturile	164
Să ridicăm ancora	168
Când visul nu seamănă cu realitatea	172
Poate că Italia îmi rezervă altceva	181
Spre casă, fără niciun elan	194
Casă, dulce casă	196
O nouă provocare: salonul de coafură	203
Liniștea binemeritată a familiei mele	210
O iubire ca o picătură chinezească	212
Rodica – omul contrastelor	220
Eu, actorul	227
Larisa, iubita mea – suflet de copil, cu ambiții mărețe	230
Să facem altceva... zic	234
Fratele meu, din contabilitate în salonul de frizerie	243
Relația noastră intermitentă	245
Toate femeile să vină la mine!	248
Un campion, o campioană	251
Mi-am propus să schimb destine	257
Tot ce iubesc e-n carnea mea	261
Sculptor de mentalități	263
După ce am trecut prin Iad, cred că îmi merit Raiul	266
Vise devenite realitate!	269

NOTIȚE

NOTIȚE

NOTIŢE

NOTIȚE

NOTIȚE

NOTIȚE

NOTIȚE

NOTIȚE

Sfârșitul înseamnă un nou început
Adrian Niculescu împreună cu Irina Băcăoanu
Timișoara: Stylished 2019
ISBN: 978-606-9017-28-9

Editura STYLISHED
Timișoara, Județul Timiș
Calea Martirilor 1989, nr. 51/27
Tel.: (+40)727.07.49.48
www.stylishedbooks.ro
www.noicecitim.ro

Tipar: Artprint București